高等职业院校教学质量基层管理制度建设

顾　捷 编著

浙江工商大学出版社
ZHEJIANG GONGSHANG UNIVERSITY PRESS

·杭州·

图书在版编目(CIP)数据

高等职业院校教学质量基层管理制度建设 / 顾捷编
著. 一杭州：浙江工商大学出版社，2020.5
　　ISBN 978-7-5178-3590-5

　　Ⅰ. ①高… Ⅱ. ①顾… Ⅲ. ①高等职业教育－教育质
量－研究 Ⅳ. ①G718.5

中国版本图书馆 CIP 数据核字(2019)第 252050 号

高等职业院校教学质量基层管理制度建设
GAODENG ZHIYE YUANXIAO JIAOXUE ZHILIANG JICENG GUANLI ZHIDU
JIANSHE

顾　捷　编著

责任编辑　沈敏丽
封面设计　林朦朦
责任印制　包建辉
出版发行　浙江工商大学出版社
　　　　　（杭州市教工路 198 号　邮政编码 310012)
　　　　　（E-mail:zjgsupress@163.com)
　　　　　（网址:http://www.zjgsupress.com)
　　　　　电话:0571 - 88904980,88831806（传真)
排　　版　杭州朝曦图文设计有限公司
印　　刷　杭州高腾印务有限公司
开　　本　710mm×1000mm　1/16
印　　张　12
字　　数　189 千
版 印 次　2020 年 5 月第 1 版　2020 年 5 月第 1 次印刷
书　　号　ISBN 978-7-5178-3590-5
定　　价　42.00 元

序　言

　　我国高等职业院校内部实行的是学校、院（系）、教研室三级管理体制。在中国特色高水平高职院校和高水平专业（群）建设过程中，教研室作为最基层的教学管理组织，不仅是贯彻学校管理制度的基层单位，也是落实教学任务的责任者，直接负责教师的教学质量管理工作；它更是高水平专业教学改革的先行者和实践者，担负着重要的教学改革创新和科研任务。教研室在以学校—专业—课程—教师—学生为核心的教学质量诊断与改进体系中起到了承上启下的积极作用，其管理水平，直接影响到高职院校的整体教学水平和高技能人才培养的成效，是支撑高水平专业教育教学质量管理的关键力量。

　　顾捷老师多年来担任国际贸易实务专业的教研室秘书。国际贸易实务专业先后获评国家示范性专业建设项目、省优势专业建设项目、国家高水平专业群建设项目。2014—2017年该专业承担并高质量完成职业教育国际贸易专业国家教学资源库建设项目，顾捷老师承担了项目秘书工作，在团队组织、协调和管理工作中做出了很大贡献，积累了许多经验。可贵的是，她在协助教研室管理的过程中，积累研究资料，在"反思性"基础上开展教育科研，反思教研室教育教学实践，结合自身发展需要，有的放矢地探讨与高职院校教研室相关的教学、教师、学生发展档案的规范管理和教学质量保障机制，实属可贵。

　　本书以教师为主要对象，以高等职业院校教学质量诊断与改进为主要研究内容，梳理了基层教师日常教学管理的主要制度、权责及流程。全书共分四个章节：第一章为教学常规管理制度，重点介绍基层教师在期初、期中和期末教学工作中的管理要求及流程细节；第二章为教研室师资管理制度，重点介绍教研室为推动专业专任教师发展所出台的各项制度及具体规定，以期能进一步落实和强化教师人才培养质量主体责任；第三章为专业学生发展档案管理制度，选取了学生实习、毕业设计、竞赛、素质拓展活动等人才培养发展的不同阶段,重点介绍了教师在其中的主要工作要求及相关权责、奖励等管理制度细节;第四章为基层教师教学质量保障机制,从学校制定的教师听课、教师互评、教师人才培养工作状态数据采集等相关管理细则入手,介绍开展教师质量诊断与改进需要遵循的主要规章制度。

本书内容简明实用,可操作性强,可供高职院校教研室的教学管理工作人员参考借鉴,也可作为基层教学质量诊断与改进工作的参考用书,希望能给教育同人以启发。

浙江金融职业学院国际商学院院长

2020 年 3 月 23 日于杭州

前　言

　　本书在编写、梳理、整合的过程中，得到了浙江金融职业学院国际商学院院长戴小红教授，质量办公室主任、督导处处长、国际贸易专业国家教学资源库项目执行主持人章安平教授，国际商学院副院长、国际贸易实务专业主任张海燕教授，国际贸易实务专业副主任、国际贸易实务教研室主任刘一展教授等的大力支持与指导。对此，表示衷心的感谢。

　　本书汇集了学院一直以来众多参与"教学质量基层管理制度建设"实践的领导、教师的智慧和心血，也得到了各部门的大力支持，体现了国际贸易实务教研室在"教学质量诊断与改进"实践中的不懈探索与努力，在此一并表示衷心的感谢。

　　由于编者水平所限，书中不当之处在所难免，真诚欢迎广大读者批评指正，使其日臻完善。

浙江金融职业学院　顾捷

2020 年 3 月于杭州

目 录
CONTENTS

第 一 章

教学常规管理制度

第一节

期初教学工作管理

⊕ 目的

1.为保证期初教学秩序,有效规划新学期教学工作。

2.对学期课程教学资料进行归档整理。

3.以学院期初教学检查工作为指导,对各项教学准备和运行情况进行重点检查。

一、学期授课计划数字化管理

[权责]

1.任课教师:在新学期开学第一周内,完成本学期开课课程授课计划的网上系统填报,需注意区分不同的授课专业和周课时量。

2.教研室主任:根据系统提示,及时审核任课教师送审的授课计划。需注意区分不同的授课专业和周课时量。

[处理流程]

1.进入"课程授课计划"填报系统。

登录学校主页,点击"课程考评",即可进入系统。

2.填报课程授课计划。

第一步:依次点击"授课计划"→"填报授课计划"。

第二步:选择对应的记录行,点击"填报"按钮,进入填报授课计划页面,填写相应的数据(教材、课程等相关信息,用于数据上报)。

第三步:点击"下一步"按钮,进入填报教学进程页面,系统自动读取课表数据,并自动显示上课日期、周序、课时序、上课地点等信息,需要填写授课计划的其他信息。

方法1:导入授课计划。

先点击"下载模板",系统自动生成Excel(自动生成日期、周序、课时序、上课地点等信息),在Excel中填入其余信息,保存并关闭Excel(不要修改模板已有的信息)。

再点击"上传模板",选择已经填好数据的Excel,系统自动读取Excel表中的数据并显示在页面中,勾选左侧"全选"按钮,点击"保存选中"按钮。

方法2:逐条录入授课计划。

从左往右逐条填入授课计划,填一行数据系统就会自动保存一行,也可以点击"保存选中"按钮进行保存。注意:为了保证数据完整性,请对一行数据填写完整。

方法3:复制授课计划。

点击"复制教学进程"按钮,进入复制教学进程的界面中,下拉选择教师、上课班级后,点击"复制教学进程"按钮。

第四步:点击"返回填报授课计划首页",进入填报首页,点击"送审"按钮,系统将发送微信给教研室主任。

二、期初课程教学材料管理

[权责]

　　1.任课教师:在新学期开学前一周完成课程教学材料梳理,并于新学期开学第一天提交课程组汇总、审核。需注意区分不同的授课专业和周课时量。

　　2.课程组:在新学期开学第一周内,完成本学期开课课程教学材料的汇总、审核,并提交至教研室归档管理。需注意区分不同的授课专业和周课时量。

　　3.教研室教学秘书:在新学期第一个教学周内,完成本学期开课课程教学材料的汇总、审核。待教研室备档后,提交至国际商学院办公室。需注意区分不同的授课专业和课时量。

[处理流程]

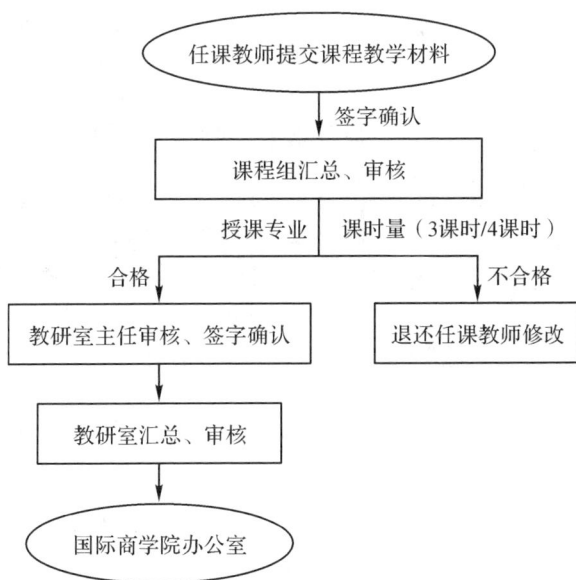

图 1-1

[提交材料]

表 1-1　期初课程教学材料明细表

序号	材料名称		版本要求		备注
			格式要求	文本命名	
1	计划表	课程授课计划	电子版	《×××课程》授课计划(适用专业) 例: 《进口业务操作》授课计划(国贸)	1.数据来源:由"课程授课计划"填报系统自动生成 Excel 模板,任课教师在此基础上依据课程实际进行填写 2.由课程组审核汇总,提交教研室归档管理 3.不同授课适用专业、不同授课课时需分别提交材料
2		课程实训计划	电子版	《×××课程》实训计划(适用专业) 例: 《进口业务操作》实训计划(国贸)	1.不同授课适用专业、不同授课课时需分别提交材料 2.电子版经课程组审核汇总,提交教研室归档管理 3.纸质版经课程组审核汇总,由教研室提交至国际商学院办公室 4.纸质版一式两份,A4 纸打印 5.纸质版需任课教师签字确认
3			纸质版		
4		课程单元设计	电子版	《×××课程》单元教学设计(适用专业) 例: 《进口业务操作》单元教学设计(国贸)	1.需涵盖 1/3 学期课时授课内容 2.不同授课适用专业、不同授课课时需分别提交材料 3.由课程组审核汇总,提交教研室归档管理
5	考核方法申请表	考核方法改革汇总清单(国贸)	电子版	××××—××××(××)考核方法改革汇总(国贸) 例: 2018—2019(1)考核方法改革汇总(国贸)	1.由教研室汇总填制、提交至国际商学院办公室 2.纸质版一份、A4 纸打印
			纸质版		
6		课程考核方法改革申请	电子版	《×××课程》考核方法改革申请 例: 《进口业务操作》考核方法改革申请	1.由课程组统一向教研室提交申请,教研室汇总后提交至国际商学院办公室 2.不同授课适用专业、不同授课课时不需要分开提交材料 3.纸质版需任课教师签字确认 4.纸质版一份,A4 纸打印,收录为《考核方法改革汇总清单》附件
7			纸质版		

续　表

序号	材料名称	版本要求		备注
		格式要求	文本命名	
8	课程课件	电子版	《×××课程》课件 例： 《进口业务操作》课件	1.需涵盖1/3学期课时授课内容 2.由课程组依照学期教学计划进行审议修订，并提交教研室归档管理 3.不同授课适用专业、不同授课课时不需要分开提交材料
9	期初教学检查小结	电子版	××××—××××（××）国贸教研室期初教学检查小结 例： 2018—2019(1)国贸教研室期初教学检查小结	1.由教研室撰写、提交至国际商学院办公室 2.纸质版一份，A4纸打印
10		纸质版		
11	教研室教学工作计划	电子版	××××—××××（××）国贸教研室教学工作计划 例： 2018—2019(1)国贸教研室教学工作计划	1.由教研室撰写、提交至国际商学院办公室 2.纸质版一份，A4纸打印
12		纸质版		

三、教师新授课程试讲管理

[范围]

本学期承担新授课程的任课教师。

[填写规范]

1.本表由教研室统一填制。经教研室公示、备档后，提交至国际商学院办公室。

2.新授课程名称：试讲教师新授课程名称，填写格式如：进口业务操作。

3.教学效果平均分：采用百分制，满分100分。

教学效果平均分＝教学效果总分÷参加听课人数

＝参加听课教师评分合计÷参加听课人数

4.听课教师意见汇总:新授课程任课教师完成试讲后,由教研室统一汇总。意见应包含但不局限于以下三点内容:

①授课教师教学设计特点;

②建议与意见;

③总体评价。

5.教研室意见:由教研室主任填写,并签字(盖章)。

[提交材料]

试讲总评表:

1.电子版:由教研室备档,并提交至国际商学院办公室。电子版文件命名规则为:试讲总评表—新授课程任课教师姓名。如:试讲总评表—张三。

2.纸质版:纸质版一份、A4纸打印,由教研室提交至国际商学院办公室。

[使用表格]

浙江金融职业学院教师新授课程试讲总评表。

表 1-2 浙江金融职业学院教师新授课程试讲总评表

试讲教师		新授课程名称	
参加听课人数		教学效果平均分	
试讲时间	年 月 日	星期 第 节	

听课教师意见汇总:

教研室意见:

教研室主任签名(盖章):

年 月 日

续　表

学院意见：

二级学院主任签名(盖章)：

年　　月　　日

注：教师新授课程试讲结束后，请将此表报备教务处教学研究科一份。

四、学期补考工作管理

［范围］

国际贸易实务专业上一学期开设的专业基础课程和专业核心课程。

［对象］

1.上一学期期末考试成绩未通过考核标准的各年级学生。

2.上一学期申请课程期末考试缓考的各年级学生。

［权责］

1.任课教师：在上学期期末试卷存档时，向学生所在二级学院同步提交补考和缓考名单及相应的空白试卷。

2.课程组：在上学期期末试卷存档时，组织主讲教师完成出卷、印卷和封卷工作。

3.同一门课程，不同的授课专业、周课时量和考核性质(考试或考查)可使用同一份试卷；补考和缓考可使用同一份试卷。

［试卷保管规范］

1.印卷和取卷。

试卷、答题卷和标准答案卷请统一印制为8K纸。份额为：班级人数＋4。印卷和取卷不应委托他人代理，注意试题的保密性。

2.试卷交接。

①将已确认无误的考卷装入学院统一印制的试卷袋中,再放入一份考场情况登记表和一张试卷封条(所在二级学院办公室领取),用封条封好袋口,封条上注明封袋的时间。

②在试卷袋的正面请注明以下内容:课程名、考试班级及相应人数、教师姓名、回卷地点;开卷课程请注明"开卷"字样。

3.试卷保管。

补考和缓考所用试卷袋请出卷教师交补考和缓考学生所在二级学院办公室,由二级学院办公室负责试卷保管、交接和补考考场、监考安排等事宜。

[阅卷及复核规范]

1.试卷一律采用红色钢笔批阅。一般情况下教师不得找他人代为批阅试卷。

2.试卷分值设置一律采用百分制。考核成绩于考核后三天内评出。

3.学生未答或完全答错的题目(或每空),必须在该题(或每空)上打上错误标记"×"。只答对部分内容的题目,必须在学生所答内容上打半对半错符号,并在该题目右侧注明所扣分值。例如:某案例分析题,合计 10 分,学生答对一半,则在学生所答内容上打上半对半错符号,并在题目右侧写上"-5"字样。学生完全答对的题目,可不标注扣 0 分的字样,但必须在该答案上打"√"。每大题目得分及卷面总分必须填写在试卷卷首大题得分方框内。卷面成绩填写后如有改动,应在试卷上签名。卷面成绩的分布一般应呈现正态分布的特性。

4.改卷教师需在学校规定时间内将学生成绩提交至开课所在二级学院办公室。

5.补考成绩录入。

①考查课补考成绩录入一律采用等级制管理。改卷教师在录入学生成绩时,60 分以上,含 60 分,填写"及格";60 分以下填写"不及格"。

②考试课补考成绩录入一律采用分值制管理。改卷教师在录入学生成绩时,60 分以上,含 60 分,填写"60";60 分以下填写学生补考试卷卷面实际分值。

※以课程"进口业务操作"为例:

例1:试题卷

要求:

1.标题:宋体加粗,小二号。

2.学年—姓名:小四号,固定值22磅。

3.试题内容:小四号,固定值22磅。

4.页面设置:上2.5厘米,下2厘米,左2厘米,右2厘米。

如:

浙江金融职业学院《进口业务操作》学期补考试卷

2018—2019学年　　　第一学期　　　适用专业2015级国贸

班级_____　　　　学号_____　　　姓名_____

题次	一	二	三	四	五	六	七	八	合计
得分									

根据以下业务背景资料,回答相关问题。

一、进口报价核算及发盘操作(30分)

例2:答题卷

要求:

1.标题:宋体加粗,小二号。

2.副标题:宋体加粗,三号。

3.学年—姓名:小四号,固定值22磅。

4.试题内容:小四号,固定值22磅。

5.页面设置:上2.5厘米,下2厘米,左2厘米,右2厘米。

如：

浙江金融职业学院《进口业务操作》学期补考试卷
答 题 卷

<u>2018～2019</u> 学年 第一学期 适用专业2015级国贸

班级_____ 学号_____ 姓名_____

题次	一	二	三	四	五	六	七	八	合计
得分									

根据以下业务背景资料,回答相关问题。

一、进口报价核算及发盘操作(30分)

例 3:参考答案及评分标准卷

要求:

1.标题:宋体加粗,小二号。

2.副标题:宋体加粗,三号。

3.学年—姓名:小四号,固定值22磅。

4.试题内容:小四号,固定值22磅。

5.页面设置:上2.5厘米,下2厘米,左2厘米,右2厘米。

如：

浙江金融职业学院《进口业务操作》学期补考试卷
参考答案及评分标准

一、进口报价核算及发盘操作(30分)

［试卷存档规范］

1.试卷装订。

①使用学院教务处统一印制的试卷装订封面,正确、完整填写封面各项内容。

②以课程为单位装订成册,所附资料和装订顺序如下:

A.打印《浙江金融职业学院重修成绩登记表》一份(缩印 16K 后签字盖章)。

B.空白试卷一份(8K)。

C.评分标准一份(8K)。

D.学生答卷(按成绩登记表上的顺序排序)。

③装订完毕后,另附《浙江金融职业学院重修成绩登记表》(A4 纸)一式三份,无须装订成册。任课教师、教研室主任签名,二级学院盖章后交学生所在二级学院两份,一份自存。表上有任何涂改,须在涂改处签章。

2.试卷查阅。

教师在成绩提交前,不得向学生透露最终成绩。考试结束后,未经开课所在二级学院同意报教务处审批,教师不得以任何理由让学生接触试卷。学生本人不得直接找任课教师查阅试卷,对无理纠缠并影响教师阅卷者,学生所在二级学院要给予必要的批评教育。若学生有充分理由认为考核成绩和自己的实际答卷相差很大,可于下学期开学两周内以书面形式提出查卷理由,通过所在二级学院办公室批准后向相关教研室查询。

3.试卷存档。

学生试卷,除公共选修课、准专业选修课由教务处存档外,由学生所在二级学院进行保存。个性化选修课程由开课所在二级学院保存。试卷应保存至学生毕业后一年,过期可以销毁。

试卷归档后,未经开课所在二级学院同意报教务处审批,任何人不得再对试卷做任何改动。

［使用表格］

浙江金融职业学院补考成绩登记表。

表 1-3 浙江金融职业学院补考成绩登记表

_____～____学年　　　　　第___学期

课程名称：　　　　　　　　改卷教师：

班级(订单班学生要注明订单班以及原班级名称)	学号(代码填完整)	姓名	成绩

······

改卷教师所在教研室主任签字：　　　　　考生所在学院办公室签章：

补考日期：　　年　　月　　日

注:改卷教师应于考试结束后三天内,将本表一式两份填写,报考生所在学院。

第二节

期中教学工作管理

一、教研室期中教学检查

◎ 目的

1.规范教学行为,稳定教学秩序,切实加强教学管理和教学质量监控。

2.全面掌握教研室本学期开学以来教学运行和各项教学计划落实情况。

3.以学院期中教学检查工作为指导,及时发现并解决教学过程中存在的问题。

[教学检查时间与组织]

根据学院及二级学院学期教学工作安排,由教研室集中对教育教学工作开展自查。

[教学检查重点与内容]

学期期中教学检查内容以本学期学院期中教学检查通知发文内容为准。

[教学检查的方法]

可采取相关资料梳理、教师教学资料抽查等多种方法。

[教学检查的要求]

1.应高度重视、认真组织,切实抓好本教研室期中教学检查的各项工作,做好相关教学检查组织工作。

2.应充分了解和分析前阶段教学工作及教学管理的基本情况,发现和总结其中存在的问题,在自查的基础上认真撰写期中教学检查总结。

[提交材料]

期中教学检查总结:

1.电子版:由教研室撰写、备档,并提交至国际商学院办公室。电子版文件命名规则为:××××—××××(××)期中教学检查小结—专业名称。如:2018—2019(1)期中教学检查小结—国贸。

2.纸质版:纸质版一份、A4纸打印,由教研室提交至国际商学院办公室。

二、学生学情分析管理

[范围]

以国际贸易实务专业上一学期开设的专业基础课程和专业核心课程为统计范围。

[对象]

以上一学期各年级开设课程的期末考试成绩为分析对象。

[填写规范]

1.本数据分析由教研室撰写。待教研室备档后,提交至国际商学院办公室。

2.数据来源:由国际商学院办公室提供上一学期全院期末考试成绩分析表。

3.数据分析:分析内容应包含但不局限于以下几点内容。

①以年级为单位,对期末考试成绩总体情况进行分析。

②以年级为单位,对专业基础课程和专业核心课程期末考试成绩情况进行分析。

③以年级为单位,针对性提出改进建议及意见。

[提交材料]

期末考试成绩分析。

①电子版:由教研室备档,并提交至国际商学院办公室。电子版文件命名规则为:××××—××××(××)期末考试成绩分析—专业名称。如:2018—2019(1)期末考试成绩分析—国贸。

②纸质版:纸质版一份、A4纸打印,由教研室提交至国际商学院办公室。

三、教师调代课管理

目的

规范教学行为,稳定教学秩序,切实加强学期课堂教学管理。

[范围]

本学期承担授课任务的教师

[权责]

1.任课教师:

①原则上,需要在原授课时间基础上,提前至少7个工作日填写"调代课申请表",并向教研室和国际商学院办公室提交调代课申请。一学期内,调代课申请次数超过3次,需要向教务处提交调代课申请。

②在完成调代课申请后,任课教师要将调整后的授课时间与地点提前告知授课班级学生。原则上,需要在原授课时间基础上,提前至少3个工作日落实通知。

2.教研室教学秘书:在接到任课教师调代课申请后,需存档以备教师课时课酬统计及任课教师现授课时间地点的查询。

3.国际商学院办公室:在接到任课教师调代课申请后,协助任课教师在教务网上完成新授课地点预约,以及相关课程授课时间与地点的调整。

[处理流程]

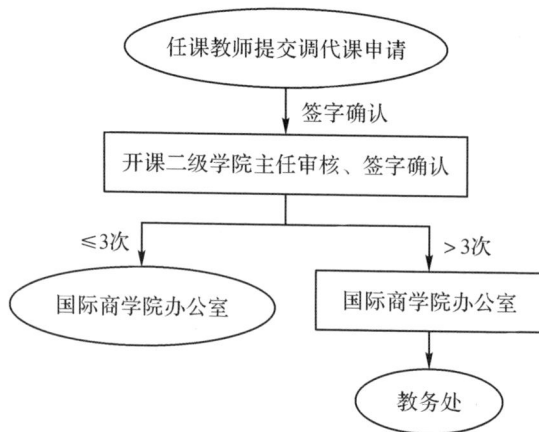

图 1-2

[填写规范]

本表由任课教师填制,需注意:

①现授课时间不能占用学生公共选修课和校际选课的时间,不能占用周三下午学校例会时间;

②任课教师需保证现授课地点不得与其他课程或活动场所冲突;

③任课教师需保证调代课原因填写的完整性。

[提交材料]

浙江金融职业学院调代课申请表:

①若一学期内,任课教师调代课申请不超过 3 次,则提交纸质版一式三份。一份交本教研室秘书留存,一份送开课二级学院办公室留存,一份送学生所在二级学院办公室留存;

②若一学期内,任课教师调代课申请超过 3 次,则提交纸质版一式四份。一份交本教研室秘书留存,一份送开课二级学院办公室留存,一份送学生所在二级学院办公室留存,一份送教务处留存。

[使用表格]

浙江金融职业学院调代课申请表。

表 1-4 浙江金融职业学院调代课申请表

课程名称			班　级			
开课部门			教研室			
调课情况 （代课不填 此项）	原授课 时　间	第＿＿＿周星期＿＿＿ 第＿＿＿节	原授课 教　师		原授课 地　点	
	现授课 时　间	第＿＿＿周星期＿＿＿ 第＿＿＿节	现授课 教　师		现授课 地　点	
代课情况 （调课不填 此项）	授　课 时　间	第＿＿＿周星期＿＿＿ 第＿＿＿节	原授课 教　师		现授课 教　师	
调代课 原因	任课教师签名： 年　　月　　日					
开课 二级学院 主任意见	签名盖章： 年　　月　　日					
教务处 意见	签名盖章： 年　　月　　日					
备　注	任课教师若需要调代课，请提前3—7个工作日填写此申请表。					

期末教学工作管理

一、学生认识实习和创新创业认知实习计划

⊙ 目的

1. 学生认识实习和创新创业认知实习,是职业教育实践性教学中极为重要的环节之一。要以专业人才培养为根本目标,为实现育人目标而精心组织社会实践。

2. 认识实习旨在通过对实际业务单位的参观、访问、调查和参与简单的业务操作实践,帮助学生了解本专业所面向的职业与岗位的工作性质、工作内容及从业的基本要求。并在实习进程中逐步培养专业兴趣,增强职业意识,为后续专业课程的学习打下感性的认知基础。

3. 创新创业认知实习旨在通过开展参与企业文化创新、行业市场调研、企业内部运营管理等实践活动,帮助学生掌握开展创新创业活动所需要的基本知识,认知创新的基本内涵和创新活动,了解创新与创业的基本理论知识;使学生具备

必要的创新能力,掌握创新的基本方法,提高综合素质和能力;使学生树立科学的创新创业观,主动适应国家经济社会发展和人的全面发展需求,正确理解创新、创业与职业生涯发展的关系,自觉遵循创新规律,积极投身创业实践。

[范围]

面向国际贸易实务专业大一学生。

1.原则上,组织学生利用暑期深入社会、开展相关实习活动,以期能够拓宽视野、增进专业认知、培养创业意识和创业理念,激发就业竞争力。

2.采取学生家庭住址就近实习原则。根据国际贸易实务专业面向的职业和岗位,由学生自行确定合适的实习单位。

[填写规范]

学生认识实习和创新创业认知实习计划由教研室根据当年的专业人才培养方案统一撰写、备档,并提交至国际商学院办公室。

[提交材料]

认识实习和创新创业认知实习计划:

1.电子版:由教研室撰写、备档,并提交至国际商学院办公室。电子版文件命名规则为:××××—××××(××)认识实习和创新创业认知实习计划—专业名称。如:2018—2019(1)认识实习和创新创业认知实习计划—国贸。

2.纸质版:纸质版一份、A4 纸打印,由教研室提交至国际商学院办公室。

二、学生跟岗实习计划

◎ 目的

1.学生跟岗实习,是职业教育实践性教学中极为重要的环节之一。要以专业人才培养为根本目标,为实现育人目标而精心组织社会实践。

2.跟岗实习旨在通过直接参与企业的运作过程、上岗处理相关业务工作,进一步熟悉国际贸易实务专业所面向的职业与岗位的工作性质、工作内容和具体业务流程。同时,在实践锻炼进程中,加深对所学专业理论知识的理解,巩固专业知识和专业技能,持续提升实务操作能力和水平。

[范围]

面向国际贸易实务专业大二学生。

1.原则上,组织学生利用暑期深入企业开展调查研究、进行相关实习活动,以期能够使理论知识和实践知识都获得提升。

2.实习单位由学生根据自己的实习情况自行联系。原则上,要求在外贸企业、国际货运公司、报关行、海关、商业银行国际业务部和保险公司国际业务部等外贸业务相关单位实习,确有困难的可以在企业的财务部门或银行机构的其他部门实习。学生中途不能随意更换或变更实习单位。

[填写规范]

学生认识实习和创新创业认知实习计划由教研室根据当年的专业人才培养方案统一撰写、备档,并提交至国际商学院办公室。

[提交材料]

跟岗实习计划:

1.电子版:由教研室撰写、备档,并提交至国际商学院办公室。电子版文件命名规则为:××××—××××(××)跟岗实习计划—专业名称。如:2018—2019(1)跟岗实习计划—国贸。

2.纸质版:纸质版一份、A4纸打印,由教研室提交至国际商学院办公室。

三、期末考核资料管理

(一)浙江金融职业学院笔试标准

[权责]

1.任课教师:

①在课程期末考试开考前四周,完成空白试卷、答题卷和标准答案卷的出卷

工作；

②在课程期末考试开考前三周,完成样卷(附试卷审批单)审查工作；

③在课程期末考试开考前一周,完成印卷、封卷工作。

2. 课程组:在课程期末考试开考前,组织主讲教师完成出卷、试卷审查、印卷和封卷工作。需注意区分不同的授课专业、周课时量和考核性质(考试或考查)。

3. 教研室主任:样卷审查、并在试卷审批单一栏手签确认。

[处理流程]

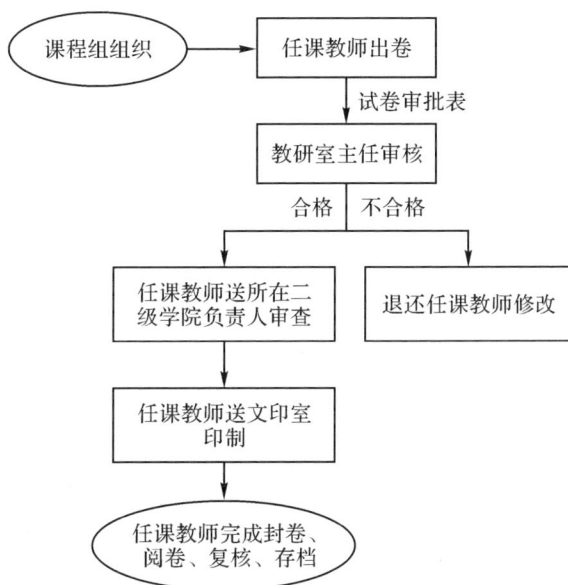

图 1-3

[命题规范]

1. 要求。

命题应着重考核学生对该课程的基本理论、基本知识和基本技能的理解和掌握情况,并注意考核学生的分析问题、解决问题的能力。严格按教学大纲要求命题,内容覆盖到各个重要的章节,每份试卷应包含难、中、易各层次题目,一般填空、选择、判断等客观题,每空或每小题的分值不宜超过 3 分,其他主观题,一般每题分值不宜超过 15 分;在每个题目后括号内应注明题目的分值(客观题可统一集中注明),例如:一、填空题(每题 1 分,合计 10 分)。考题的深度和广度应反映大纲的要求,一般基本题占 60%—70%;灵活应用题占 20%—30%;激发学生独立思考与创新意识的考题占 10%左右。

随堂考查时间一般为一个半小时,期末集中考试时间一般为两小时,各命题教师应按上述时间要求,合理设计试卷题量和内容。

各学院对各专业的主要课程必须有计划地建立试题库,并不断充实和完善。

各类考题必须在考核前做出标准答案。命题和试卷在考核前必须严格保密。

2.格式。

任何试卷都必须按照统一格式、字体进行印制。

※以课程"进口业务操作"为例:

例 1:试题卷

要求:

1.标题:宋体加粗,小二号;

2.学年—姓名:小四号,固定值 22 磅;

3.试题内容:小四号,固定值 22 磅;

4.页面设置:上 2.5 厘米,下 2 厘米,左 2 厘米,右 2 厘米。

如:

浙江金融职业学院《进口业务操作》期末试卷(A)

2018～2019 学年　　　第一学期　　　适用专业 2016 级国贸

班级_____　　　学号_____　　　姓名_____

题次	一	二	三	四	五	六	七	八	合计
得分									

根据以下业务背景资料,回答相关问题。

一、进口报价核算及发盘操作(30 分)

例 2：答题卷

要求：

1.标题：宋体加粗，小二号；

2.副标题：宋体加粗，三号；

3.学年—姓名：小四号，固定值22磅；

4.试题内容：小四号，固定值22磅；

5.页面设置：上2.5厘米，下2厘米，左2厘米，右2厘米。

如：

浙江金融职业学院《进口业务操作》期末试卷（A）

答　题　卷

2018～2019 学年　　　　第一学期　　　　适用专业2016 级国贸

班级_____　　　　学号_____　　　　姓名_____

题次	一	二	三	四	五	六	七	八	合计
得分									

根据以下业务背景资料，回答相关问题。

一、进口报价核算及发盘操作（30 分）

例 3：参考答案及评分标准卷

要求：

1.标题：宋体加粗，小二号；

2.副标题：宋体加粗，三号；

3.学年—姓名：小四号，固定值22磅；

4.试题内容：小四号，固定值22磅；

5.页面设置：上2.5厘米，下2厘米，左2厘米，右2厘米。

如：

浙江金融职业学院《进口业务操作》期末试卷（A）
标准答案

一、进口报价核算及发盘操作（30分）

［审核规范］

教师出卷后，应在开考前三周将考核安排报告给所在教研室负责人，并将样卷（附试卷审批单）交开课所在二级学院教研室负责人审查，审查通过后送学院审批。审批通过后方可印卷。建立试题库的课程应在试题库中以随机抽取的方式组成试题。无试题库的课程，若采用同一教学大纲、教学时数和教学进度的，由课程小组组织所有主讲教师统一命题、统一考核；教学大纲要求不同的同一课程，或无法安排统一考核的，由各任课教师出难度一致的A、B卷（试卷套数应当视具体情况决定，考核前由教研室主任决定使用其中一套作学期考核用，另一套作补考用）。

※以课程"进口业务操作"为例：

表1-5 浙江金融职业学院试卷审批表

（2018—2019学年 第一学期）

课程名称		进口业务操作	命题人		张三
考试班级		国贸16(5)(6)	考试日期		2018-07-01
试卷性质		闭卷	考试时间		120分钟
考试情况预测	考试成绩预测	优秀率	5%	及格率	90%
		平均分		75—85分	
	试卷难易程度		适中		

续 表

教研室审查意见	
	教研室主任：　　　　　　年　　月　　日
二级学院审查意见	
	二级学院主任：　　　　　　年　　月　　日

注：此表一式两份，一份所在二级学院存档，一份交文印室作为印试卷凭据。

[试卷保管规范]

1.印卷和取卷。

试卷、答题卷和标准答案卷请统一印制为8K纸大小。份额为：班级人数＋4。印卷和取卷不应委托他人代理，注意试题的保密性。

2.试卷交接。

①将已确认无误的考卷装入学院统一印制的试卷袋中，再放入一份考场情况登记表和一张试卷封条（所在二级学院办公室领取），用封条封好袋口，封条上注明封袋的时间。

②在试卷袋的正面请注明以下内容：课程名、考试班级及相应人数、教师姓名、回卷地点；开卷课程请注明"开卷"字样。

3.试卷保管。

①由出卷教师负责保管试卷袋。

②试卷袋反面印有试卷交接单，由出卷教师在考前直接将试卷袋转交给监考教师时填写。试卷凡有流转，经手人都须在交接单上登记。

[阅卷及复核规范]

1.试卷一律采用红色钢笔批阅。一般情况下教师不得找他人代为批阅试卷。

2.试卷分值设置一律采用百分制。考核成绩于考核后三天内评出。

3.学生未答或完全答错的题目(或每空),必须在该题(或每空)上打上错误标记"×"。只答对部分内容的题目,必须在学生所答内容上打半对半错符号,并在该题目右侧注明所扣分值。例如:某案例分析题,合计 10 分,学生答对一半,则在学生所答内容上打上半对半错符号,并在题目右侧写上"—5"字样。学生完全答对的题目,可不标注扣 0 分的字样,但必须在该答案上打"√"。每大题目得分及卷面总分必须填写在试卷卷首大题得分方框内。卷面成绩填写后如有改动,应在试卷上签名。卷面成绩的分布一般应呈现正态分布的特性。

4.试卷评分采用双人复核制,即该课程阅卷教师核查无误后,同课程其他阅卷教师进行复查,并在试卷装订封面上签字(例,阅卷人:张三。复查人:李四。)阅卷教师和复查教师均负有确保卷面成绩准确无误的责任。

试卷分数确有误评,改卷教师需向教研室主任说明情况,经教研室主任审批,开课所在二级学院院长同意后报学院教务处批准,履行相应的手续后更改有效。

5.改卷教师需在学校规定时间内将学生成绩录入系统。录入超时或录入错误,改卷教师需向教研室主任说明情况,经教研室主任审批,开课所在二级学院院长同意后报学院教务处批准,履行相应的手续后更改有效。

[试卷存档规范]

1.试卷装订。

①使用学院教务处统一印制的试卷装订封面,正确、完整填写封面各项内容。

②以班级为单位装订成册,所附资料和装订顺序如下:

A.由系统打印的学生成绩登记表一份(缩印 16K 后签字盖章)

B.空白试卷一份(8K)

C.评分标准一份(8K)

D.学生答卷(按成绩登记表上的顺序排序;必修课程缓考和旷考的学生试卷请一并装订,并注明"缓考"或"旷考",填上其学号和姓名)

③装订完毕后,另附系统打印的学生成绩登记表(A4 纸)一式三份,无须装

订成册。任课教师、教研室主任签名、二级学院盖章后交学生所在二级学院两份,一份自存。表上有任何涂改,须在涂改处签章。

2.试卷查阅。

教师在成绩提交前,不得向学生透露最终成绩。考试结束后,未经开课所在二级学院同意报教务处审批,教师不得以任何理由让学生接触试卷。学生本人不得直接找任课教师查阅试卷,对无理纠缠并影响教师阅卷者,学生所在二级学院要给予必要的批评教育。若学生有充分理由认为考核成绩和自己的实际答卷相差很大,可于下学期开学两周内以书面形式提出查卷理由,所在二级学院办公室批准后向相关教研室查询。

3.试卷存档。

学生试卷,除公共选修课、准专业选修课由教务处存档外,由学生所在二级学院进行保存。个性化选修课程由开课所在二级学院保存。试卷应保存至学生毕业后一年,过期可以销毁。

试卷归档后,未经开课所在二级学院同意报教务处审批,任何人不得再对试卷做任何改动。

[使用表格]

1.浙江金融职业学院试卷审批表。

表 1-6 浙江金融职业学院试卷审批表

____～____学年　　　第____学期

课程名称			命题人		
考试班级			考试日期		
试卷性质			考试时间		
考试情况预测	考试成绩预测	优秀率		及格率	
		平均分			
	试卷难易程度	适中			

续　表

教研室审查意见
教研室主任： 　　　　年　　月　　日
学院审查意见
学院主任： 　　　　年　　月　　日

注：此表一式两份，一份所在二级学院存档，一份交文印室作为印试卷凭据。

2. 教师网上成绩录入超时审批单。

表 1-7　教师网上成绩录入超时审批单

_____～_____学年　　　第_____学期

课程名称	课程类型	班级名称	考核方式

任课教师超时理由 及录入完毕时间	
所在二级学院分管 教学领导审查意见	签名： 签名：
所在二级学院 办公室公章	
教务处长审批意见	签名：

注：表上各字段信息必须填写正确、完整，若因信息不正确导致系统无法识别而操作有误者，责任自负。

3.教师网上成绩提交后更改确认单。

表 1-8　教师网上成绩提交后更改确认单

___～___学年　　　第___学期

课程名称	学号	错误成绩	正确成绩	考核方式

······

任课教师改错理由	
	签名：
所在二级学院分管教学领导审查意见	
	签名：
教务处审批意见	
	签名：

注:表上各字段信息必须填写正确、完整,若因信息不正确导致系统无法识别而更改有误者,责任自负。

(二)期末空白试卷报备登记

[权责]

1.任课教师:在课程期末考试结束后一周向课程组提交空白试卷、答题卷和标准卷一式三套。所交试卷每一页均需任课教师签字。不同授课适用专业、不同授课课时、不同考核性质(考试或考查)需分别提交材料。

2.课程组:在课程期末考试结束后一周内,完成本学期开课课程期末空白试卷、答题卷和标准答案卷的汇总,并提交至教研室教学秘书处。需注意区分不同的授课专业、周课时量和考核性质(考试或考查)。

3.教研室教学秘书:

①在课程期末考试结束后一周内,完成本学期开课课程期末空白试卷、答题卷和标准卷的汇总,并据此汇总"期末空白试卷报备登记表"。电子版留教研室备档,纸质版一式三份、A4纸打印。需注意区分不同的授课专业、周课时量和考核性质(考试或考查)。

②在课程期末考试结束后一周内,将封面粘贴有"期末空白试卷报备登记表"的期末空白试卷册(两册)提交至国际商学院办公室,一册留教研室备档。

[处理流程]

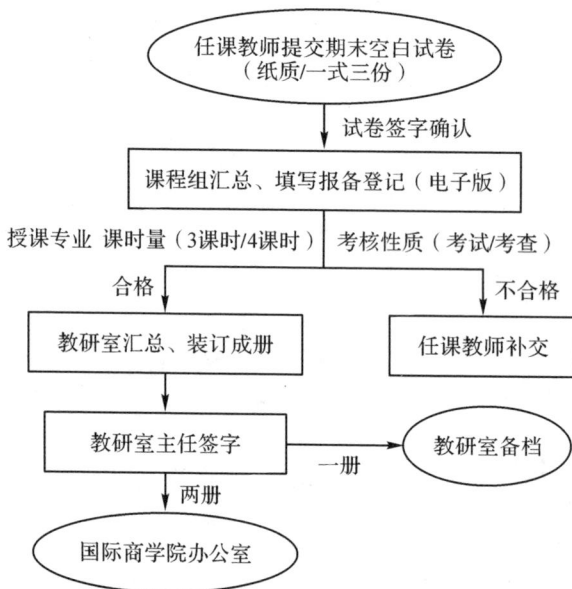

图 1-4

[填写规范]

1.浙江金融职业学院期末空白试卷(附评分标准)登记表。

①本表由课程组填制,教研室汇总。填写范例如表 1-9 所示。

②本表纸质版一式三份,分别做装订封面贴在空白试卷装订册上。

③教师签字:适用同一套期末试卷的任课教师均需手签。

④课程名:同一课程,不同授课适用专业、不同授课课时、不同考核性质(考试或考查)需分别登记。

⑤考试试卷:根据任课教师提交期末空白试卷套数,在对应的栏目内打钩。

⑥教研室主任核对后签字:教研室主任核对后手签确认。

2.期末空白试卷。

①期末空白试卷一式三套,分别对应一份"浙江金融职业学院期末空白试卷(附评分标准)登记表"。

②一套期末空白试卷包括空白试题卷、答题卷和标准答案卷各一份。要求试题卷和答案卷都按标准格式用8K纸印制,无须装订。

③同一课程,不同授课适用专业、不同授课课时、不同考核性质(考试或考查)需分别出卷。但可以使用同一份学期补考卷。

④适用同一套期末试卷的任课教师需在空白试题卷、答题卷和标准答案卷上分别手签确认。

3.期末空白试卷装订册。

期末空白试卷装订册一式三册。每册应以"浙江金融职业学院期末空白试卷(附评分标准)登记表"为装订封面,内含教研室本学期全部考试和考查课期末空白试卷一套。

具体举例如下:

表 1-9　浙江金融职业学院期末空白试卷(附评分标准)登记表

学院:国际商学院　教研室:国际贸易实务(2018 至 2019 学年第一学期)2018 年 12 月 15 日

教师签字	班级	课程名	考试试卷(A) 1份(附标准答案1份)	考试试卷(B) 1份(附标准答案1份)	考试试卷(C) 1份(附标准答案1份)	考试试卷(D) 1份(附标准答案1份)	教考分离 5份 (电子文档)	教研室主任核对后签字
张三	国贸15(1)(2)(3)(4)(5)(6)	进口业务操作	√	√	√	√ (学期补考卷)		李四

······

注:请各教研室将填写完整的此表做装订封面贴在空白试卷装订册上(要求试卷和答案卷都按标准格式用8K纸印制,不符合标准的一律退回),交学院教学秘书处,各二级学院汇总后报备教务处教务行政科(教考分离课程的电子文档请报备教学研究科)。

[提交材料]

教研室期末空白试卷报备一式三册。其中,一册由教研室留档,两册交国际商学院办公室(一册留档、一册报备教务处相关科室)。

[使用表格]

浙江金融职业学院期末空白试卷(附评分标准)登记表。

表 1-10　浙江金融职业学院期末空白试卷(附评分标准)登记表

教师签字	班级	课程名	考试试卷(A)1份(附标准答案1份)	考试试卷(B)1份(附标准答案1份)	考试试卷(C)1份(附标准答案1份)	考试试卷(D)1份(附标准答案1份)	教考分离5份(电子文档)	教研室主任核对后签字

……

注:请各教研室将填写完整的此表做装订封面贴在空白试卷装订册上(要求试卷和答案卷都按标准格式用8K纸印制,不符合标准的一律退回),交学院教学秘书处,各二级学院汇总后报备教务处教务行政科(教考分离课程的电子文档请报备教学研究科)。

四、新学期教材选用管理

(一)新学期教材征订管理

[范围]

下一学期国际贸易实务专业开设的专业基础课程和专业核心课程。

[权责]

1.任课教师:根据课程教学需求,在下学期教学任务(定稿)发布当日,向课程组报送新学期教材征订情况、适用班级及征订学生人数。若需教师用书,要特别说明教材征订份额。

2.课程组:收到任课教师申报当日,对新学期课程教材征订情况进行审核,并报送至教研室教学秘书处。

3.教研室教学秘书:收到课程组报送材料当日,完成本专业新学期学生用书和教师用书征订情况的汇总,并将纸质版和电子版提交至国际商学院办公室。其中,纸质版学生用书和教师用书征订表需任课教师和教研室主任签字确认。

[处理流程]

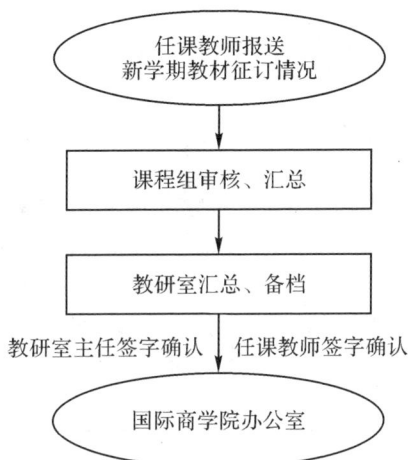

图 1-5

[提交材料]

1.教师用书征订表:

①电子版:由下学期教学任务中涉及的、需要教师用书的任课教师报送、相关课程组审核;待教研室汇总、备档后,提交至国际商学院办公室。电子版文件命名规则为:××学院教师用书征订表—教研室名称。如:国际商学院教师用书征订表—国贸。

②纸质版:纸质版一份、A4纸打印,由教研室提交至国际商学院办公室。需任课教师和教研室主任签字确认。

2.学生用书征订表:

①电子版:由下学期教学任务中涉及的任课教师报送,由相关课程组审核;待教研室汇总、备档后,提交至国际商学院办公室。电子版文件命名规则为:××学院学生用书征订表—教研室名称。如:国际商学院学生用书征订表—国贸。

②纸质版:纸质版一份、A4 纸打印,由教研室提交至国际商学院办公室。需任课教师和教研室主任签字确认。

[填写规范]

新学期课程教材征订情况汇总:由"教师用书征订表"和"教材选用申请表"组成。

1.教师用书征订表:该表为选填表。根据任课教师个人用书需求进行选填,需注意书号(ISBN)的准确性。

如:

表 1-11 _____学院教师用书征订表

ISBN 号	教材名称	主编	出版社	出版日期	定价	课程名称	使用班级	数量	任课老师
978-7-04-040249-0	进口业务操作	章安平	高等教育出版社	2014 年8 月	32.8 元	进口业务操作	国贸 16(1)(2)(3)(4)	1	张三

......

2.教材选用申请表:该表为必填表。填写时应注意书号(ISBN)和使用班级信息的准确性。纸质版打印后,需任课教师和教研室主任手签确认。

如:

表 1-12 _____学院教材选用申请表

任课教师	课程名称	选用教材名称	书号(ISBN)	主编	出版社及出版时间	是否高职高专	教材定价	使用班级
张三	进口业务操作	进口业务操作	978-7-04-040249-0	章安平	高等教育出版社2014 年8 月	是	32.8 元	国贸 16(1)(2)(3)(4)

......

任课教师(签字):	二级学院(部)主任:
教研室主任(签字):	年 月 日
教务处意见: 年 月 日	学院意见: 年 月 日

[使用表格]

新学期课程教材征订情况汇总：

①教师用书征订表。

表 1-13 _____学院教师用书征订表

ISBN 号	教材名称	主编	出版社	出版日期	定价	课程名称	使用班级	数量	任课老师

......

②教材选用申请表。

表 1-14 _____学院教材选用申请表

任课教师	课程名称	选用教材名称	书号(ISBN)	主编	出版社及出版时间	是否高职高专	教材定价	使用班级

......

任课教师(签字)：	二级学院(部)主任：
教研室主任(签字)：	年　　月　　日
教务处意见： 年　　月　　日	学院意见： 年　　月　　日

(二)新学期教辅材料誊印管理

[范围]

下一学期国际贸易实务专业开设的专业基础课程和专业核心课程。

[权责]

1.任课教师:根据课程教学需求,在下学期教学任务(定稿)发布当日,向课程组报送新学期教辅材料誊印情况。课程教辅材料誊印需注意核对授课班级人数,建议份额为班级人数+4。

2.课程组:收到任课教师申报当日,对新学期课程教辅资料选用情况进行审核,并将教辅资料选用申报表及相关教辅资料报送至教研室教学秘书处。

3.教研室教学秘书:

①收到课程组报送材料当日,完成本专业新学期教辅资料选用申报表的汇总,并将纸质版和电子版提交至国际商学院办公室。其中,纸质版需任课教师签字确认。

②收到课程组报送材料当日,将相关教辅资料的电子版提交至国际商学院办公室。

[处理流程]

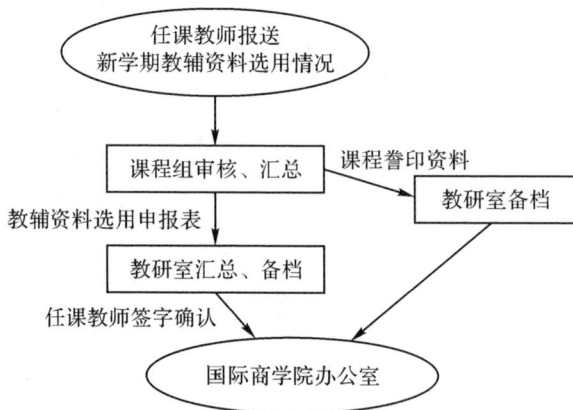

图 1-6

[提交材料]

1.教辅资料选用(誊印)申请表:

①电子版:该表为选填表。由相关任课教师根据课程实际教学需求提交申请,由课程组审核;待教研室汇总、备档后,提交至国际商学院办公室。电子版文

件命名规则为:教辅资料选用(誊印)申请表—教研室名称。如:教辅资料选用(誊印)申请表—国贸。

②纸质版:纸质版一份、A4纸打印,由教研室提交至国际商学院办公室。需任课教师手签确认。

2.课程誊印资料:

电子版:由教师提供、课程组审核;待教研室备档后,提交至国际商学院办公室。电子版文件命名规则为:誊印资料—课程名称。如:誊印资料—进口业务操作。

[填写规范]

教辅材料誊印选用:由"教辅资料选用(誊印)申请表"和相关课程教辅资料文案组成。

①课程誊印资料只需提交电子版。

②"教辅资料选用(誊印)申请表"在填写时,需注意授课班级人数,建议份额为选课人数+4。

如:

表 1-15　教辅资料选用(誊印)申请表

课程名称	选用(誊印)教辅资料名称	编者	使用(专业)班级	誊印数量
进口业务操作	进口业务操作参考资料	顾捷	国贸 16(1)(2)(3)(4)	198
......				

[使用表格]

教辅资料选用(誊印)申请表。

表 1-16　教辅资料选用(誊印)申请表

课程名称	选用(誊印)教辅资料名称	编者	使用(专业)班级	誊印数量
......				

五、新学期课程实训场所申请

[范围]

下一学期国际贸易实务专业开设课程中拟在实训场所开展实践教学的课程。

[权责]

1. 任课教师：下学期教学任务（定稿）发布当日，向课程组报送新学期实训场所申请。

2. 课程组：下学期教学任务（定稿）发布当日，完成新学期实训场所申报汇总，并提交至教研室教学秘书处。

3. 教研室教学秘书：收到相关课程组报送申请当日，根据新学期实训场所开放情况，完成教研室新学期实训场所申报。在确认总排课量符合实训场所教学使用情况后，需经相关实训室负责人签字确认，再提交至国际商学院办公室。

[处理流程]

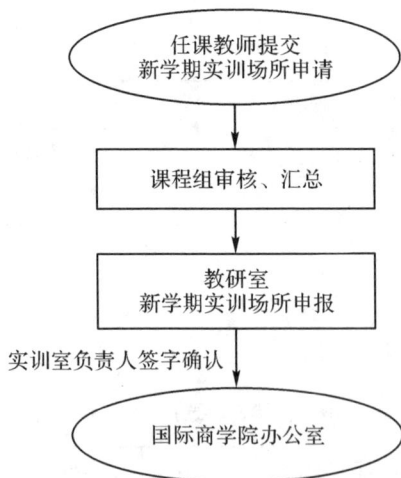

图 1-7

[填写规范]

1. 在申请使用非本专业实训场所前，需与相关实训室负责人确认：

①新学期实训场所开放情况；

②该实训场所已接受的新学期排课申请情况。

2.实训场所一般可容纳 60 人左右同时教学。任课教师在申请前需确认是否满足教学要求。若班级人数大于实训场所核定人数，则不能提出申请。

3.请在标题处注明申请的年限，格式为：××××—××××学年第×学期实训场所使用申请表（排课用）。如：2018—2019 学生第一学期实训场所使用申请表（排课用）。

4.实训室名称：请按"实训场所一览表"内的实训室名称规范填写。格式为：实训场所门牌号码。如：9401。

班级名称：每一行限填一个班级。若同一门课程有多个班级需要申请实训场所，请分别填写。

5.周课时数：请参考教研室发布的下学期教学任务（定稿）。

注意：一个实训场所的总周课时数申请不能超过 27 节，一般建议总排课量不超过 24 节。

6.实训室负责人签名：教研室在提交纸质版申请前，需由实训室负责人手签确认。

如：

表 1-17　2018—2019 学年第一学期实训场所使用申请表（排课用）

学院名称国际商学院

实训室名称9401

任课教师	课程名称	班级名称	周课时数
张三	进口业务操作	国贸 16(1)	4
李四	进口业务操作	国贸 16(2)	4
总计			8

实训室负责人签名：　　　　　　　　（二级学院章）

[提交材料]

实训场所使用申请表（排课用）：

1.电子版：由任课教师提出申请、课程组汇总报送教研室。教研室根据新学期实训场所开放情况,完成教研室新学期实训场所申报。在确认总排课量符合实训场所教学使用情况后,备档并提交至国际商学院办公室。

2.纸质版:纸质版一份、A4 纸打印,由教研室提交至国际商学院办公室。需相关实训室负责人手签确认。

[使用表格]

表 1-18 _____学年第_____学期　　实训场所使用申请表(排课用)

学院名称 _____

实验室名称 _____

任课教师	课程名称	班级名称	周课时数
......			
总计			

实训室负责人签名:　　　　　　　　(二级学院章)

注:1.如任课教师整个学期需在实训室上课的,请以二级学院为单位统一填写"实训场所使用申请表(排课用)"(使用同一个实训室的,请填在同一张表内,每一个实训室计划安排的周课时数不能超 27 节),经实训室负责人审核同意后,由教务处统一安排;2.实训室名请按"实训场所一览表"内的实训室名称规范填写。

第 二 章

教研室师资管理制度

第一节

教师课时课酬管理

一、学期课时课酬统计管理

（一）任课教师学期课时课酬统计

[范围]

以学期为统计单位,对国际贸易实务专业相关任课教师一学期内所授课程的总课时量和课酬量进行核算。

[权责]

1.任课教师：

①在调代课申请成功后,第一时间向教研室教学秘书报备调代课情况,以便教研室能够及时对任课教师月度或学期课时课酬情况进行更新。

②在教研室月度或学期课时课酬统计结束后1—2个工作日内,对统计结果进行签字确认。

2.教研室教学秘书:

①在统计节点前,完成任课教师课时课酬月报表或学期统计;

②在统计节点前,完成教研室任课教师课时课酬统计结果公示,以及任课教师的签字确认工作。

[处理流程]

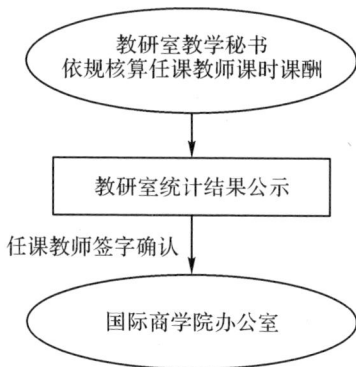

图 2-1

[具体要求]

1.统计周期:任课教师课时课酬管理采用月报制度,每 4 周报送一次。

2.统计节点:教研室应于每月最后一个周三前完成专业内相关任课教师当月课时课酬的计算与核实工作。

[教学工作量计算说明]

教学工作量主要是指教务处下达的教学任务,没在教学任务中的其他任何教学工作量须报教务处审定同意后方可计入工作量。

1.理论课教学工作量的各折算系数。

①人数系数(K1 为折算系数)。

班级人数:30 人以下,K1=0.9。

班级人数:30—59 人,K1=1.0。

班级人数:60—79 人,K1=1.1。

班级人数:80—99 人,K1=1.2。

班级人数达到 100 人以上,K1=1.3。

班级人数达到 200 人以上,K1=1.5。

②双语教学课程(K2 为折算系数)。

视双语教学采用非母语程度,K2=1.2—1.5。具体折算系数由二级学院提交系数认定的相关材料报教务处审批同意后方可计算教学工作量。

③因课时编排要求时间安排在双休日或是晚上上课(K3 为折算系数)。

晚上上课,K3=1.5。

双休日上课,K3=1.5。

连续两学期承担公共选修课课程教学任务的教师,第二学期始,选修课系数每学期增加 0.1,K3 最高不超过 2.0。

④实验实训课(K4 为折算系数)。

实验实训课程,指已列入教学计划并有授课计划,写出实验报告并有详细批改记录的,K4=1。

2.其他教学环节的工作量。

①工学交替、工学结合(纸质存档、领导签字,其间停课课程不计算工作量)。

属于本课程授课教师担任工学交替、工学结合指导任务的:

课时=K5×实际指导天数×3。

非本课程授课教师担任工学交替、工学结合指导任务的:

课时=K5×实际指导天数×2。

调整系数 K5。

市区内指导(包括校内集中实习、实训等):K5=1.2。

市区外指导:K5=1.5。

②形势与政策课教学工作量的计算(报教务处审核后计算工作量)。

总量=周计划教学总课时÷2×学年教学周数×1.2(人数系数)×80%

具体课时由人文艺术系分配。

③设计课程教学、承担聘请行业兼职教师工作,并共同完成教学任务的专任教师,跟随行业兼职教师听课的课时数,在达到应完成的工作指标之后,以实际跟班听课的课时数计算(不加任何系数)。

④外教结对教师(报教务处审核后计算工作量)。

行政岗位的各类主任不在补贴范围之内。以上补贴就高计算,不重复计,不加任何系数。

3.补充说明。

①由二位(包括二位)以上教师共同完成的课程教学工作量,原则上由该课程主讲教师负责工作量的具体切分。

②教师课时量按实际完成的教学时数计算,但因下列情况冲掉的课时,给予计算课时量:法定节假日、学院运动会、因全院性工作需要临时停课。

③其他特殊情况,由教务处审定,重大情况由院长办公会议审定。

④教师课时报酬的核算,具体说明请参照《浙江金融职业学院教师教学工作量计算办法》和《浙江金融职业学院绩效工资实施细则(试行)》(2014)。

[填写规范]

任课教师课时课酬统计表由课时统计表和明细表两个表单组成。为保证统计数据的准确性,课时统计表及明细表中教师名单顺序不得变动。

1.课时统计表。

①课时1(不含系数):该栏为教师实际课时数,与"明细表"中"课时1"栏相同。

②课时2(含系数):课时2=课时1×教学工作量的各折算系数,与"明细表"中"课时2"栏相同。

※以学期教师课时统计表为例。

表2-1　2018—2019学年第一学期教师课时统计表

国际商学院　　1—4周

序号	学院	教研室	姓名	课时1 (不含系数)	课时2 (含系数)	签名
1	国际商学院	国际贸易实务	张三	16	16	

制表:＿＿＿＿＿＿　复核:＿＿＿＿＿＿　审核:＿＿＿＿＿＿

2.明细表。

①新的明细表叠加在上月明细之后,不需重新造表。累积至学期末,为该学期教师全部课时明细,留教研室备档。

②周课时完成情况:按实际教学周数填报,需注意新生课程与其他年级授课起始周的区别。

A.同一授课教师,相同课程、不同授课班级的周课时完成情况,需分别统计。不能合并计算。

B.专业主任等课时补贴,应参照"课时补贴标准表",按实际教学周数计入周课时完成情况栏中。

C.若教师调课,则该周课时栏课时数量相应减少。调课的课时数相应计入调整后的周课时栏。

③人数、双语、公选、工学交替、优课优酬:上述栏目均为折算系数。金院好课堂比赛获奖教师,可在"优课优酬"栏中获得 1.2 的折算系数。

※以学期教师课时统计明细表为例。

表 2-2　2018—2019 学年第一学期教师课时统计表(明细)

国际商学院

教研室	姓名	课程	班级	人数	周课时完成情况																		课时1	人数	双语	公选	工学交替	优课优酬	课时2
					1	2	3	4	5	6	7	8	9	10	11	12	13	14	15	16	17	18							
国际贸易实务	张三	出口业务操作	国贸16(1)	50	4	4	4	4															16	1					16
合　计																							16	1					16

[提交材料]

学期教师课时统计表:

1.电子版:由教研室统计、备档,并提交至国际商学院办公室。该表涵盖当月课时统计表和当月课时统计明细表两个电子表单。电子版文件命名规则为:××月课时统计表—教研室名称。如:9月课时统计表—国贸。

2.纸质版:仅需印制当月课时统计表。纸质版一份、A4 纸打印,由教研室提交至国际商学院办公室。需任课教师手签确认。

另,教研室可自行印制当月课时统计明细表,用于任课教师课时课酬信息核对,以及教研室备档。

[使用表格]

课时统计表。

表 2-3 _____学年第____学期教师课时统计表

_____学院_____周

序号	学院	教研室	姓名	课时 1 (不含系数)	课时 2 (含系数)	签名

……

制表:_____ 复核:_____ 审核:_____

表 2-4 _____学年第____学期教师课时统计表(明细)

_____学院

教研室	姓名	课程	班级	人数	周课时完成情况																			课时1	人数	双语	公选	工学交替	优课优酬	课时2
					1	2	3	4	5	6	7	8	9	10	11	12	13	14	15	16	17	18							
			合 计																											

(二)外聘教师学期课时课酬统计

[范围]

以学期为统计单位,对国际贸易实务专业相关外聘教师一学期内所授课程的总课时量和课酬量进行核算。

[权责]

1. 外聘教师:

①在调代课申请成功后,第一时间向教研室教学秘书报备调代课情况,以便教研室能够及时对行业兼职教师月度或学期课时课酬情况进行更新。

②在教研室月度或学期课时课酬统计结束后 1—2 个工作日内,对统计结果

进行签字确认。

2.教研室教学秘书：

①在统计节点前,完成外聘教师课时课酬月报表或学期统计；

②在统计节点前,完成教研室外聘教师课时课酬统计结果公示,以及外聘教师的签字确认工作。

[处理流程]

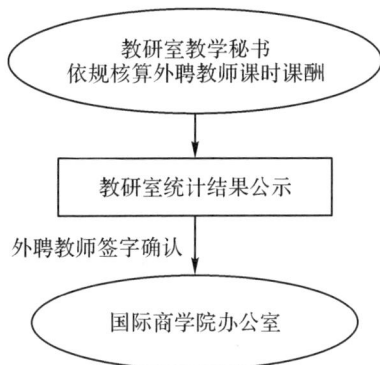

图 2-2

[具体要求]

1.统计周期:外聘教师课时课酬管理采用月报制度,每4周报送一次。

2.统计节点:教研室应于每月最后一个周三前完成专业内相关外聘教师当月课时课酬的计算与核实工作。

[教学工作量计算说明]

外聘教师教学工作量主要是指教务处下达的教学任务,其课时数应按实际授课节数结算。

1.外聘教师教学工作量的各折算系数。

①人数系数。

班级人数70人以下,K1＝1。

班级人数70人以上,K1＝1.3。

②其他教学环节的工作量。

A. 本课程授课外聘教师担任期末考试试卷批阅任务的:

根据阅卷的工作量给予相应的补贴。

B. 对外聘教师授课期间往返交通给予补贴。

3. 补充说明。

外聘教师课时量按实际完成的课程次数计算。因下列情况冲掉的课时,将不给予计算课时量:①法定节假日;②学院运动会;③因全院性工作需要临时停课。

[填写规范]

1. 课时量:

课时量=外聘教师当月实际授课节数×授课班级人数系数+每月交通补贴课时数

2. 课酬(元/节):

课酬=符合外聘教师职称标准的单节课时的报酬-每课时预留的报酬

注意:期末结算外聘教师课酬时,需返还本学期预留的全部报酬。

3. 总课酬:

总课酬=课时量×课酬(元/节)

※以外聘教师课酬统计表为例。

表 2-5　外聘教师课酬统计表(2018—2019 学年　第一学期)

学院/部:国际商学院 9 月份(2018 年 9 月 10 日—9 月 30 日)

序号	姓名	职称	课程	课时量	课酬(元/节)	总课酬(元)
1	张三	在读硕士	进口业务操作	45×1.3+1=59.5	60-5=55	3272.5
合　计						3272.5

[提交材料]

外聘教师课酬统计表。

1. 电子版:由教研室统计、备档,并提交至国际商学院办公室。电子版文件命名规则为:××月外聘教师课酬统计表—教研室名称。如:9 月外聘教师课酬统计表—国贸。

2.纸质版:纸质版一份、A4 纸打印,由教研室提交至国际商学院办公室。需外聘教师签字确认。

[使用表格]

外聘教师课酬统计表。

表 2-6　外聘教师课酬统计表(_____学年　第____学期)

学院/部:　月份(　年　月　日—　月　日)

序号	姓名	职称	课程	课时量	课酬(元/节)	总课酬(元)
......						
合　　计						

二、学年监考课时统计管理

[范围]

以学年为统计单位,对国际贸易实务专业相关教师一学年内期末考试、考查课非随堂考试、补考和重修考试的监考次数进行统计。

[权责]

1.监考教师:

①在收到国际商学院相关考试监考安排(定稿)当日,填报监考情况明细表。

②若监考次数有调整,教师应在监考安排调整申请获学院审批核准当日,告知教研室教学秘书,以便教研室能够及时更新教师学年监考课时数。

2.教研室教学秘书:在收到监考教师填报数据后,完成监考情况统计表。并于统计节点前,提交至国际商学院办公室。

[处理流程]

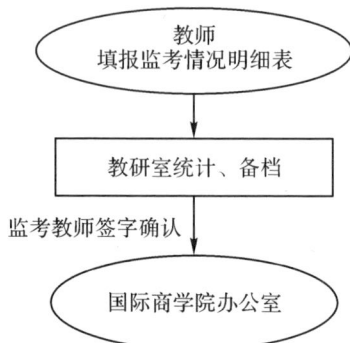

图 2-3

[具体要求]

1.统计周期:教师学年监考课时统计管理采用年报制度,每一学年报送一次。

2.统计节点:

①教研室应于每一学期监考任务结束后,完成期末考试、考查课非随堂考试、补考和重修考试教师监考次数的统计。

②教研室应于每一学年监考任务结束后,完成监考教师学年监考课时的统计与核实工作,并将学年监考情况统计表提交至国际商学院办公室。

[填写规范]

1.教师监考课时统计表由监考情况统计表和监考情况明细表两个表单组成。为保证统计数据的准确性,课时统计表及明细表中教师名单顺序不得变动。

2.教师监考情况统计表和明细表只统计监考次数,不需要加乘各折算系数。

※以学年监考情况统计表为例。

表 2-7　**2018** 至 **2019** 学年监考情况统计表

国际商学院

姓名	第一学期	第二学期	合计
张三	10	8	18

※以学年监考情况统计明细表为例。

表 2-8　　2018 至 2019 学年监考情况统计表（明细）

国际商学院

姓名	学期	期末考试	考查课非随堂考试	重修考试	合计
张三	第一学期	6		4	10
	第二学期	5		3	8

[提交材料]

1.学年监考情况统计表：

电子版：由教研室统计、备档，并提交至国际商学院办公室。电子版文件命名为：××××（学年）—××××（学年）监考情况统计表—教研室名称。如：2018—2019 学年监考情况统计表—国贸。

纸质版：1 份，提交国际商学院办公室。

2.学年监考情况明细表：纸质版不需要提交国际商学院办公室。

[使用表格]

监考情况统计表：

1.学年监考情况统计表。

表 2-9　　_____ 至 _____ 学年监考情况统计表

_____学院

姓名	第一学期	第二学期	合计

……

2.学年监考情况统计明细表。

表 2-10 _____ 至 _____ 学年监考情况统计表（明细）

_____ 学院

姓名	学期	期末考试	考查课 非随堂考试	重修考试	合计

······

三、实习报告批阅课时统计管理

［范围］

以学年为统计单位，对国际贸易实务专业相关教师一学年内参与指导和批阅认识实习和跟岗实习的工作量进行统计。

［权责］

1.专业教师：

①根据专业认识实习指导要求和工作安排，对大一学生进行专业认识实习和创新创业实习指导，并批阅学生实习报告。

②根据专业跟岗实习指导要求和工作安排，对大二学生进行专业跟岗实习指导，并批阅学生实习报告。

③在规定时间内，将已批阅的学生实习报告提交至教研室教学秘书处，并说明学生报告批阅情况和批阅份数。

2.教研室教学秘书：在统计节点前，完成教师认识实习报告和跟岗实习报告批阅课时统计，并据此计算工作量、填写工作任务量统计表和工作量认定证明，提交至国际商学院办公室。

[处理流程]

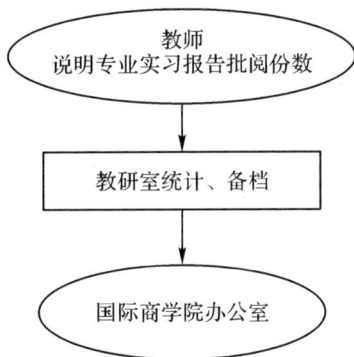

图 2-4

[具体要求]

1.统计周期:实习报告批阅课时统计管理采用年报制度,每一学年报送一次。

2.统计节点:

①教师应于专业实习报告批阅工作结束后第一时间,将已批阅的学生实习报告提交至教研室教学秘书处,并说明学生报告批阅情况和批阅份数。

②教研室应于实习报告批阅课时统计工作结束后一周内,向国际商学院办公室提交纸质版工作量认定证明。

[教学工作量计算说明]

教学工作量主要是指教务处下达的教学任务,不列入教学任务中的其他任何教学工作量须报教务处审定同意后方可计入工作量。

1.跟岗实习报告的批阅:6 篇=1 课时。

2.认识实习报告的批阅:10 篇=1 课时。

3.折算课时数结果保留 2 位小数。

[填写规范]

1.教师参与指导、批改认识实习和跟岗实习工作量由教师报送,教研室统一认定。

2.统计表和认定证明由教研室统一填制,提交至国际商学院办公室。

3.工作任务量统计表:统计数据应包括,但不局限于:指导教师姓名、指导班级、指导实习类型(认识实习或跟岗实习)、实习报告批改数量及折算课时数。

4.工作量认定证明:内容应包括,但不局限于:批改报告教师姓名、批改报告类型(认识实习或跟岗实习)、人数及工作量。

※以实习工作量统计表(明细)与实习报告批阅工作量认定证明为例。

例1:实习工作量统计表(明细)

表 2-11   2018 至 2019 学年实习工作量统计表(明细)

指导教师	认识实习			跟岗实习		
	班级	实习报告批阅数量	课时数	班级	实习报告批阅数量	课时数
张三	国贸16(1)	50	5	/	/	/
李四	/	/	/	国贸15(1)	50	8.33

例2:实习报告批阅工作量认定证明

表 2-12   2018—2019 学年实习报告批阅工作量认定证明

教务处:

2018—2019 学年国际贸易专业共有认知实习报告 133 份,专业实习报告 144 份,具体批改工作任务如下表所示,根据学院教学工作量认定办法认定工作量如下,特此证明。

报告批改教师	认知实习(16级)		专业实习(15级)	
	人数	工作量	人数	工作量
张三	98	9.8		
李四			57	9.5

[提交材料]

1.实习工作量统计表(明细):

电子版:由教研室填制、留档,并提交至国际商学院办公室。电子版文件命名规则为:××××—××××学年实习工作任务量统计表—教研室名称。如:2018—2019 学年实习工作任务量统计表—国贸。

2.实习报告批阅工作量认定证明：

①电子版：由教研室撰写、备档，并提交至国际商学院办公室。电子版文件命名规则为：××××—××××学年实习报告批改工作量认定证明—教研室名称。如：2018—2019学年实习报告批改工作量认定证明—国贸。

②纸质版：纸质版一份、A4纸打印，由教研室提交至国际商学院办公室。

［使用表格］

1.实习工作量统计表（明细）。

表2-13 ＿＿＿至＿＿＿学年实习工作量统计表（明细）

指导教师	认识实习			跟岗实习		
	班级	实习报告批阅数量	课时数	班级	实习报告批阅数量	课时数

⋯⋯

2.实习报告批阅工作量认定证明。

表2-14 ××××—××××学年实习报告批阅工作量认定证明

教务处：

＿＿＿＿＿＿＿＿学年国际贸易专业共有认知实习报告×份，专业实习报告×份，具体批改工作任务如下表所示，根据学院教学工作量认定办法认定工作量如下，特此证明。

报告批改教师	认知实习（16级）		专业实习（15级）	
	人数	工作量	人数	工作量

⋯⋯

四、毕业指导课时课酬统计管理

[范围]

以学年为统计单位,对国际贸易实务专业相关教师一学年内参与指导顶岗实习和毕业设计、批改顶岗实习报告和毕业设计成果的工作量进行统计。

[权责]

1.专业教师:

①根据专业顶岗实习指导要求和工作安排,对大三学生进行专业顶岗实习指导,并批阅学生实习报告。

②根据专业毕业设计指导要求和工作安排,对大三学生进行专业毕业设计指导,并批阅学生毕业设计成果。

2.教研室教学秘书:在统计节点前,完成教师毕业指导课时统计。并据此计算工作量、填写毕业设计课酬统计表,提交至国际商学院办公室。

[处理流程]

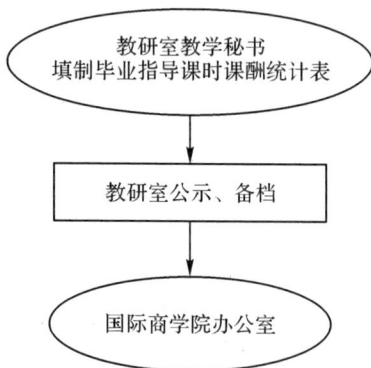

图 2-5

[具体要求]

1.统计周期:毕业指导课时课酬统计管理采用年报制度,每一学年报送一次。

2.统计节点：

①教师应于顶岗实习和毕业设计指导工作结束后第一时间，将已批阅的学生设计成果和顶岗实习报告提交至教研室教学秘书处，并说明学生报告批阅情况和批阅份数。

②教研室应于毕业设计顶岗实习和毕业设计成果批阅课时课酬统计工作结束后一周内，向国际商学院办公室提交纸质版毕业设计课酬统计表。

[教学工作量计算说明]

教学工作量主要是指教务处下达的教学任务，没在教学任务中的其他任何教学工作量须报教务处审定同意后方可计入工作量。

1.毕业设计答辩（不计入本次课酬结算）。

2.顶岗实习和毕业设计指导课时，由基础课时和奖励课时组成。其中：

①总课时＝基础课时＋奖励课时＝顶岗实习和毕业设计指导学生人数×5.8课时/人。

②基础课时＝顶岗实习和毕业设计指导学生人数×5课时/人。

③奖励课时＝顶岗实习和毕业设计指导学生人数×0.8课时/人。

[填写规范]

1.本表由教研室统一填制，提交国际商学院办公室。

2.学生毕业设计指导费用统计表：统计数据应包括，但不局限于指导教师姓名、指导人数、基础课时数、奖励课时数、总课时数、职称、课酬标准、课酬。

3.毕业设计课酬统计表：统计数据应包括，但不局限于指导教师姓名、专业、职称、课酬标准、指导人数、基本课时、奖励课酬和报酬。

※以毕业设计指导费用统计表为例。

例1：学生毕业设计指导费用统计表

表2-15　国际商学院2018届学生毕业设计指导费用统计表

序号	姓名	指导人数	基础课时	奖励课时	总课时	职称	课酬标准	课酬	备注
1	张三	30	150	24	174	讲师	38		

例 2:毕业设计课酬统计表

表 2-16　国际商学院 2018 届毕业设计课酬统计表

序号	姓名	专业	职称	课酬标准	指导人数	基本课时	奖励课时	报酬
1	张三	国际贸易实务	讲师	38	50	150	24	

[提交材料]

1.毕业设计指导费用统计表:

①电子版:由教研室填制、备档,并提交至国际商学院办公室。电子版文件命名规则为:××××届学生毕业设计指导费用统计—教研室名称。如:2018届学生毕业设计指导费用统计—国贸。

②纸质版:纸质版一份、A4 纸打印,由教研室提交至国际商学院办公室。

2.毕业设计课酬统计表:

①电子版:由教研室填制、备档,并提交至国际商学院办公室。电子版文件命名规则为:××××届毕业设计课酬统计表—教研室名称。如:2018 届毕业设计课酬统计表—国贸。

②纸质版:纸质版一份、A4 纸打印,由教研室提交至国际商学院办公室。

[使用表格]

1.学生毕业设计指导费用统计。

表 2-17　_____学院____届学生毕业设计指导费用统计

序号	姓名	指导人数	基础课时	奖励课时	总课时	职称	课酬标准	课酬	备注

······

2.毕业设计课酬统计表。

表 2-18 _____学院____届毕业设计课酬统计表

序号	姓 名	专 业	职称	课酬标准	指导人数	基本课时	奖励课时	报酬

……

第二节

教师科研管理

[范围]

以学期为统计单位,对专业教师在职期间所获各项荣誉、资质、论文专著及教材出版情况、课题立项情况和参与项目情况等进行管理。

[权责]

1.专业教师:在统计节点前,完成科研情况的梳理以及专业教师科研情况统计表的填制,并随附佐证材料提交至教研室教学秘书处。

2.教研室教学秘书:在统计节点前,对专业教师提供的科研情况统计表和佐证材料扫描件进行汇总,留教研室备档。

[处理流程]

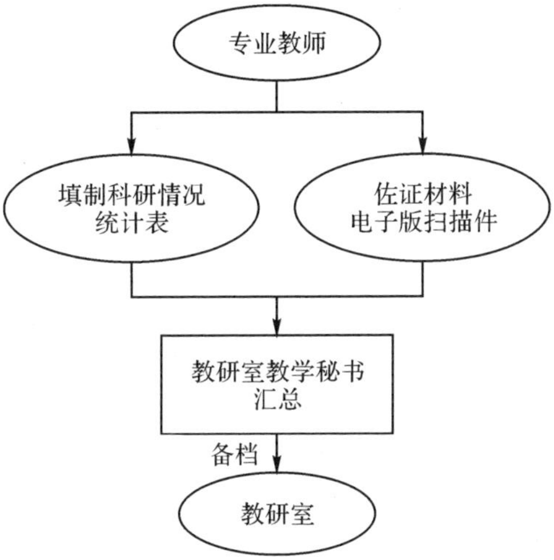

图 2-6

[具体要求]

1.统计周期:教师科研管理以学期为统计维度,每一学期统计一次。

2.统计节点:

①专业教师应于一学期教学工作结束前一周,完成本学期科研情况的梳理。

②专业教师应于一学期教学工作结束前一周,完成专业教师科研情况统计表的填制,以及相关佐证材料电子版(PDF 格式)的扫描,并提交至教研室教学秘书处。

③教研室应于一学期教学工作结束前一周,完成本教研室专业教师学期科研情况的汇总和备档。

[填写规范]

1.为简化录入、提高工作效率,同时便于后期进行数据统计,建议统计口径与学年教师数据采集工作保持一致。

2."教师科研情况统计表"统计年限以一学期为有效单位,上一学期已统计的科研项目将不累加计入下一学期的科研统计。

3."教师科研情况统计表"中预设培训进修、挂职锻炼、社会兼职、获奖项目（包括行政性奖励）、获技术专利（技术发明）项目、主持在研课题、公开出版著作与公开发表论文等多项独立统计单元。

①培训进修：以培训进修结业证书中所载明的时限为有效统计期限。

②挂职锻炼和社会兼职：以学期为有效单位进行统计。专业教师在暑期进行的挂职锻炼和社会兼职计入一学年第一学期的统计范畴，专业教师在寒假进行的挂职锻炼和社会兼职计入一学年第二学期的统计范畴。

③获奖项目：以获奖证书颁发日期为有效统计期限。

④获技术专利（技术发明）项目：以技术专利（技术发明）获相关部门核准、颁布认定证书日期为有效统计期限。

⑤主持在研课题：以在研课题立项文件颁布日期为有效统计期限。在研课题结题后将不再重复进行统计。

⑥公开出版著作：以著作出版之日为有效统计期限。

⑦公开发表论文：以载有论文的期刊出版之日为有效统计期限。

4.填表说明：

①培训进修单元。

派出部门（单一选项）：国家/省部/地市/校。

②挂职锻炼单元。

挂职锻炼是指受学校或上级部门委派，以提高某一方面能力为主要目的，脱产一段时间，到其他单位临时担任某一职务的情况。

派出部门（单一选项）：国家/省部/地市/校。

级别（单一选项）：国家级/省级/地市级/校级。

③社会兼职单元。

社会兼职是指教师在校外担任的职务（实职）。

④获奖项目（包括行政性奖励）单元。

级别（单一选项）：国家级/省级/地市级/校级。

⑤获技术专利（技术发明）项目。

是否主持（单一选项）：是/否。

⑥主持在研课题。

课题性质(单一选项):教学改革/技术开发/社会科学/其他。

是否横向课题:横向课题一般是指教育部门之外所承接的研究课题,如政府职能部门、企事业单位、社会团体等委托研究的课题,包括科学研究类、技术攻关类、决策论证类、设计策划类、软件开发类等等。横向课题是学校扩大对外联系,服务地方经济建设,提高科研水平和知名度的重要途径。

课题级别(单一选项):国家级/省级/地市级/校级。

到款金额是指课题经费到款额由项目第一负责人采集,该课题其他人员的经费到款额为零。

完成人顺序(单一选项):第一/第二/第三/第四/第五/以后。

⑦公开出版著作与公开发表论文。

作者顺序(单一选项):独立/第一/第二/第三/第四/以后

5.关于佐证材料:

①论文:PDF 扫描件应包括期刊封面、含论文题目的目录页及论文刊发页。

②著作、教材:PDF 扫描件应包括封面页。

③研究课题、参与项目:PDF 扫描件应包括完整版立项文件。

④教师挂职和实践锻炼、社会兼职:无须提交佐证材料,以当年教研室相关备档材料为准。

⑤获奖项目、获技术专利(技术发明)项目:相关证书的 PDF 扫描件。

如：

表 2-19 专业教师科研情况统计表例表

姓名	培训进修				挂职锻炼				社会兼职		获奖项目（包括行政性奖励）					获技术专利（技术发明）项目				主持在研课题								公开出版著作与公开发表论文			
	项目名称	时间（天）	地点	派出部门	单位名称	岗位	时间（天）	派出部门	单位名称	时间（天）	获奖日期（年月）	获奖名称	获奖级别	颁奖单位	是否主持	获得日期（年月）	技术专利（发明）名称	技术专利（发明）编号	是否主持	课题性质	课题名称	是否横向课题	课题级别	立项日期（年月）	经费来源	到款金额（元）	完成人顺序	名称	出版社或杂志社名称	出版或发表日期（年月）	作者顺序
张三	跨境进口培训	10	杭州	校	杭州简捷进出口有限公司	销售	63	校	杭州简捷进出口有限公司	63	2019年6月	优秀教师	校		是	2019年6月	技术专利	2019-0606	是	教学改革	教学质量管理	是	校	2019年6月		0	第一	教学质量管理	教学研究	2019年6月	第一

[提交材料]

1.佐证材料扫描件:清晰电子版PDF扫描文件提交教研室备档。

①论文PDF扫描件应包括期刊封面、含论文题目的目录页及论文刊发页。电子版文件命名规则:论文名称—第一作者。如:捷克营商环境分析与浙江企业赴捷克投资建议—张三。

②著作、教材PDF扫描件应包括封面页。电子版文件命名规则:著作或教材名称—第一作者。如:进口业务操作—张三。

③研究课题、参与项目PDF扫描件应包括完整版立项文件。电子版文件命名规则:课题或项目名称—第一作者。如:捷克营商环境研究立项文件—张三。

④其他佐证材料电子版文件命名规则为:佐证材料名称—教师姓名。如:2017年度优秀教师—张三。

2.专业教师科研情况统计表:

①教师科研情况统计表电子版文件命名规则为:科研情况统计表—教师名称。如:科研情况统计表—张三。

②教研室备档电子版文件命名规则为:××××—××××(×)专业教师科研情况统计表—教研室名称。如:2018—2019(2)专业教师科研情况统计表—国贸。

[使用表格]

专业教师科研情况统计表。

表 2-20　专业教师科研情况统计表

姓名	培训进修			挂职锻炼			社会兼职		获奖项目(包括行政性奖励)				获技术专利(技术发明)项目			主持在研课题							公开出版著作与公开发表论文		
	项目名称	时间(天)	地点	派出部门	单位名称	岗位	时间(天)	派出部门	单位名称	时间(天)	获奖日期(年月)	获奖名称	级别	颁奖单位	是否主持	获得日期(年月)	技术专利(发明)名称	技术专利(发明)编号	是否主持	课题性质	课题名称	是否横向课题	课题级别	立项日期(年月)	经费来源	到款金额(元)	完成人顺序	名称	出版社或杂志社	出版或发表日期(年月)	作者顺序

……

教师培训、挂职和实践锻炼管理

一、教师培训管理

⊕ 目的

通过培训学习,进一步提升专业教师获取行业新讯息、了解学生新需求、把握教学新方向、提升专业实践水平的能力,努力建设一支结构优化、素质精良、爱岗敬业、具竞争力、有创新力的教师队伍,提高人员使用效能,提升人才培养质量。

[范围]

以学年为有效单位,对国际贸易实务专业教师在职期间参加专业培训经历进行管理。

[具体要求]

1.教师要重视在职期间的专业培训经历。加强在职教师的培训,是师资队伍管理的重要组成部分之一。加强在职教师的培训,有利于提高教师的专业能力,巩固教育专业基础理论知识。加强在职教师的培训,有利于教师理论知识与实践经验的结合,熟悉和掌握先进的教学理念,提高在职教师的学历水平和专业水平。

2.教师培训原则上不占用实际教学课时。在培训开始前2周,教师需填写"浙江金融职业学院教职工出差审批单"报二级学院院长审批。中层及以上干部,需报分管院领导审批。

3.教师培训同行人数原则上不能超过4人。4人以上同行,同时参加一项培训,需报二级学院审批。

[经费报销]

教师培训经费报销实施办法,具体说明请参照浙金院〔2016〕39号《关于进一步细化差旅费住宿费限额标准的通知》、浙金院〔2016〕17号《关于调整工作人员差旅费有关规定的通知》和浙金院〔2015〕25号《关于印发〈工作人员差旅费管理规定〉的通知》。

[使用表格]

浙江金融职业学院教职工出差审批单。

表 2-21 浙江金融职业学院教职工出差审批单

填表日期:　　年　　月　　日

部门			出差人		
出差起止时间			出差事由		
出差地点	至				
	至				
	至				
	至				
拟乘坐的交通工具	□飞机	□双飞	去:　　折		回:　　折
		□单飞	去:　　折		回:　　折
	□火车		□轮船		□客车
预计金额	总计:	其中往返交通费		住宿费	会务培训费

续　表

部门、项目 负责人意见	
分管院 领导意见	
分管财务 院长意见	

二、教师挂职锻炼管理

◎ 目的

进一步深化工学结合、校企合作的人才培养模式改革,全面建立对接用人单位、校企合作的专业建设和人才培养体制,提高人才培养质量。

[范围]

以学年为有效单位,对国际贸易实务专业教师在职期间到行业企业及相关事业单位参加挂职锻炼经历进行管理。

[时间及原则要求]

1.关于专业教师挂职锻炼时间,原则上要求:

①新进专业教师要有行业、企业工作经历,无行业企业工作经历的专业课教师任课前必须有 6 个月以上的挂职锻炼经历。

②要求专业教师在 5 年之内有累计 6 个月到行业企业挂职锻炼、合作研发、行业培训的经历。

2.关于专业教师挂职锻炼单位及工作岗位的选择,要基于专业建设特点和课程建设需要,原则上要求:

①专业骨干教师原则上以挂职锻炼为主,挂职单位以学院及二级学院联系确定的行业企业单位为主。

②其他专任教师以企业实践锻炼为主,实践锻炼单位以二级学院为主确定。要求挂职单位以能够为挂职教师提供专业对口、与任教课程内容直接相关的工作岗位为基本前提。

③专业教师与行业、企业合作开发产品,视同到行业、企业挂职锻炼。

[选派流程]

1.各二级学院根据本部门的师资培养计划、教学团队优化计划、中青年教师职业生涯发展规划及专业教师的挂职锻炼意愿,组织专业教师申报,并填写"专业教师到行业企业挂职锻炼申报表"。

2.人事处牵头会同各二级学院联系确定行业企业单位,公布挂职锻炼岗位;各二级学院根据申报情况及挂职锻炼单位实际情况,拟定挂职锻炼教师名单,交人事处审定。

3.院长办公会议研究确定选派人员。

[具体要求]

1.教师要重视职业生涯中的企业提升经历,各二级学院要制订本部门教师的挂职锻炼计划,加强统筹,积极鼓励专业教师到行业一线参与多种形式的挂职锻炼。各二级学院要因势利导、因时所需,切实做好本部门挂职锻炼计划,并明确教师挂职锻炼的目标和任务。各二级学院要合理安排教学工作量,对学期平均周课时少于6课时的专业教师,原则上由二级学院或者学院安排参加3—6个月的脱产实习锻炼、挂职锻炼或与企业合作产品开发等工作。

2.各二级学院派出挂职锻炼的教师时应优先考虑尚无挂职锻炼经历的专业教师,五年内一般不重复选派教师在同岗位挂职。

3.挂职锻炼教师应与学院签订"专业教师到行业企业挂职锻炼协议书"。在"专业教师到行业企业挂职锻炼协议书"中明确教师在专业技术、实践能力上应达到的具体要求,即应完成的任务或取得的成果,并将完成情况作为考核的主要依据。

4.经学院选派赴行业、企业挂职锻炼的,时间一般为 6 个月,原则上要求全脱产。锻炼期间,要求专业教师认真填写工作周记,定期上交工作周记。

5.挂职教师如有特殊情况,需提前结束或延长挂职的,应由本人或二级学院向学院提出书面申请,经挂职单位和学院批准后,方可提前结束或延长挂职。

[津贴待遇]

教师脱产到行业、企业参加挂职锻炼的,视为完成基本教学任务,工资、待遇按学院同岗同级完成基本教学任务的教师计发。其中 60%的校内津贴按月发放,剩余 40%的校内津贴纳入各部门的年终考核。

[考核管理]

1.挂职锻炼考核采取企业考核与学院考核相结合的形式。教师在挂职锻炼期间应遵守所在单位的各项管理规章制度,人事处和系(部)不定期进行督查。

2.出勤考核:教师挂职锻炼期间,如需请假应事先向挂职锻炼单位和学院人事处办理相关请假手续,按学院考勤管理规定办理;如无故缺岗,按学院旷工有关规定处理,并扣除工作量津贴。

3.目标考核:挂职锻炼结束,教师应上交"教师到行业企业挂职锻炼考核表",挂职单位要对挂职教师的锻炼情况进行鉴定,提出考核意见;人事处根据签订的"教师到企业挂职锻炼协议书"的相关内容考核。

4.学院结合挂职单位的考核意见,根据挂职锻炼教师的工作绩效给出考核结论,评定考核等级。考核等级分合格和不合格两档,考核结果及相关材料由系部报教务处审核,送人事处归档。挂职期间,如果教师因不得体的言行在挂职单位中造成不良影响,或者没有在挂职单位从事实际工作的,一经查实,考核直接定为不合格。

5.教师如挂职锻炼考核不合格,则不再享受剩下的 40%津贴,且不计入挂职锻炼时间。

6.教师参加挂职锻炼的情况作为学校评审重点(特色)专业、精品课程、教学名师、教学改革研究等教学基本建设项目的重要参考依据。

7.教师的企业经历,在职称评聘、优秀教师评选等方面予以考虑。新进教师如果挂职锻炼考核不合格,不具备教师上岗资格。5 年内未达到 6 个月以上企业实践锻炼的专任教师,暂缓聘任专业技术职务,业绩考核以不合格计。

8.教师在挂职期间参与挂职单位的技术产品开发取得明显效果,视为教学业绩的重要组成部分,学院在考核业绩时优先考虑。

教师挂职锻炼实施办法,具体说明请参照浙金院〔2011〕14 号《关于印发专业教师到行业企业挂职锻炼的实施办法的通知》。

[提交材料]

1.专业教师到行业企业挂职锻炼申报表:

①电子版:由专业教师提供、教研室汇总备档,并提交至国际商学院办公室。电子版文件命名规则为:专业教师到行业企业挂职锻炼申报表—申报教师姓名。如:专业教师到行业企业挂职锻炼申报表—张三。

②纸质版:纸质版一份、A4 纸打印,由教研室提交至国际商学院办公室。

2.专业教师到行业企业挂职锻炼协议书:

纸质版:纸质版一份、A4 纸打印,由专业教师提供、教研室汇总,并提交至国际商学院办公室。

3.浙江金融职业学院专业教师到行业企业挂职锻炼考核表:

①电子版:由专业教师提供、教研室汇总备档,并提交至国际商学院办公室。电子版文件命名规则为:浙江金融职业学院专业教师到行业企业挂职锻炼考核表—申报教师姓名。如:浙江金融职业学院专业教师到行业企业挂职锻炼考核表—张三。

②纸质版:纸质版一份、A4 纸打印,由专业教师提供、教研室汇总并提交至国际商学院办公室。

4.浙江金融职业学院教师挂职锻炼工作周记。

①电子版:由专业教师提供、教研室汇总并提交至国际商学院办公室。电子版文件命名规则为:浙江金融职业学院教师挂职锻炼工作周记—申报教师姓名。如:浙江金融职业学院教师挂职锻炼工作周记—张三。

②纸质版:纸质版一份、A4 纸打印,由专业教师提供、教研室汇总并提交至国际商学院办公室。

[使用表格]

1. 专业教师到行业企业挂职锻炼申报表。

表 2-22　专业教师到行业企业挂职锻炼申报表

姓　名		性　别		出生年月		学历学位	
所在部门				是否取得 双师资格			
现主要 任教课程				现专业技术资格 及任职时间			
何时何校何 专业毕业		年毕业于　　　　　　　　　院校 专业[修业　年,获　　学历　学位]					
上一次挂职 锻炼情况		年　月　至　　年　　月以脱产(　)/半脱产(　)的形式在 参加挂职锻炼,累计　　个月					
拟挂职 锻炼单位					部门或岗位		
邮箱					联系方式		
锻炼时间	□业　余(寒暑假、教学空余时间)　年　　月　　日至　　年　　月　　日 □脱　产　　　　　　　　　　　年　　月　　日至　　年　　月　　日						
系(部) 推荐意见	签字:　　　　　　　　　　　　　　　　　(盖章) 　　　　　　　　　　　　　　　　　年　　月　　日						
人事处审核意见: 　　(盖章) 　年　　月　　日				院长办公会议意见:			

2.专业教师到行业企业挂职锻炼协议书。

专业教师到行业企业挂职锻炼协议书

甲方:浙江金融职业学院　　　　　　　　　乙方:

经甲方选派,同意乙方于　　年　　月　　日至　　年　　月　　日到

(单位)　　　　　　　　　(岗位)

挂职锻炼。双方协商,签订协议如下:

一、乙方职责(应加盖系部公章):

(一)挂职锻炼期间,自觉遵守所在企(行)业的各项规章制度,努力达到锻炼的预期目标,应完成的任务和取得的成果如下:

_____

(二)认真参加学院的年度考核。

(三)锻炼结束,向学院人事部门递交"专业教师到行业企业挂职锻炼考核表"并及时提供相关归档资料。

二、甲方依据《浙江金融职业学院关于专业教师到行业企业挂职锻炼的实施办法》提供相应的工资、津贴、福利待遇保障。

三、考核管理

1.甲方根据《浙江金融职业学院关于专业教师到行业企业挂职锻炼的实施办法》对教师进行考核管理。

2.乙方在挂职锻炼结束后的五年服务期内或挂职锻炼培养期内调离学院的,应归还挂职期间相关费用,包括工作量补贴、半年奖、年终奖及挂职期间的各类补贴等,费用根据服务期限等额递减。

四、其他约定:

_____

本协议一式三份,甲乙双方各执一份,另一份存所在系部。

甲方代表签字:　　　　　　　　　　乙方签字:

(人事部门代章)

　　年　　月　　日　　　　　　　年　　月　　日

3.浙江金融职业学院专业教师到行业企业挂职锻炼考核表。

表 2-23　浙江金融职业学院

专业教师到行业企业挂职锻炼考核表

姓名_____所在部门_____

挂职锻炼单位及岗位_____

挂职部门负责人_____

挂职锻炼时间_____

挂职锻炼期间所从事的工作及取得的成绩和成果(可另附页)

本人签名：　　　　　　　　　　年　　月　　日

挂职锻炼单位意见	负责人签名：　　　　　盖章：　　　年　　月　　日
学院意见	部门负责人签字：　　　　盖章：　　　年　　月　　日
人事处意见	部门负责人签字：　　　　盖章：　　　年　　月　　日

4. 浙江金融职业学院教师挂职锻炼工作周记。

表 2-24　浙江金融职业学院教师挂职锻炼工作周记

实践单位					
时间	月　　日——	月　　日	记录人		
本周工作主要内容					
重要活动					
一般事务					
备注					

三、教师实践锻炼管理

(一)教师实践锻炼申请

[范围]

以学期为有效单位,对国际贸易实务专业教师寒、暑假期间到行业企业进行实践锻炼的申请进行管理。

[权责]

1. 专业教师:在规定的实践锻炼申请截止日前,向教研室提交实践锻炼申请。

2. 教研室教学秘书:

①在学院规定的实践锻炼申请截止日前,完成本教研室教师实践锻炼申请的汇总和备档。

②在学院规定的实践锻炼申请截止日前,将教师个人申请表与教研室汇总提交至国际商学院办公室。

[处理流程]

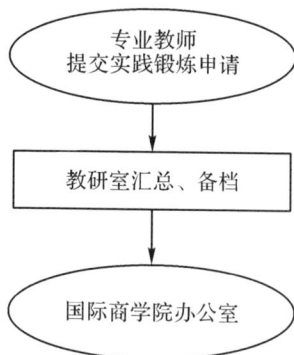

图 2-7

[具体要求]

教师要重视职业生涯提升中的企业经历,要积极到行业一线参与多种形式的实践锻炼。并通过对行业发展和企业相关工作岗位的深度调研,进一步提升自我专业能力,为课程教学积累更多实例,丰富课程教学内容。

关于教师实践锻炼申请的时间,原则上要求:

1.专业教师:

应于学期教学工作结束前两周且寒假或暑假开始前,完成专业教师实践锻炼申请表的填制,并提交至教研室教学秘书处。

2.教研室教学秘书:

应于学期教学工作结束前一周且寒假或暑假开始前,完成本教研室专业教师实践锻炼申请的汇总。并随附专业教师个人实践锻炼申请表,提交至国际商学院办公室。

[提交材料]

1.专业教师实践锻炼申请表:

①电子版:由教师提供、教研室汇总备档,并提交至国际商学院办公室。电

子版文件命名规则为:专业教师实践锻炼申请表—×××。如:专业教师实践锻炼申请表—张三。

②纸质版:纸质版一份、A4 纸打印,由专业教师提供、教研室汇总,并提交至国际商学院办公室。

2.实践锻炼人员汇总表:

①电子版:由教研室填制、备档,并提交至国际商学院办公室。电子版文件命名规则为:实践锻炼人员汇总表—×××专业。如:实践锻炼人员汇总表—国贸。

②纸质版:纸质版一份、A4 纸打印,由教研室提交至国际商学院办公室。

[使用表格]

1.专业教师实践锻炼申请表。

表 2-25　专业教师实践锻炼申请表

姓　名		性　别		出生年月		学历学位	
所在分院				现主要 任教专业			
现专业技术职务				任现职时间		年　　月	
已取得的职业 资格证书				取得时间		年　　月	
任现职以来参加 的实践锻炼	1.　　年　月　日至　月　日以　　　　　形式在　　　　　　　参加锻炼累计　　　天						
拟实践锻炼单位				部门及岗位			
拟实践单位 地址及邮编							
单位联系人				联系方式			
实践锻炼形式	□校内挂职锻炼　　　□校外挂职锻炼　　　□假期实习锻炼　　　□其他						
拟实践锻炼时间	年　月　日—　年　月　日				累积时间	天	
分院推荐意见	负责人签字: (盖分院公章) 年　　月　　日						

续　表

教务处意见	人事处意见	学校审定意见
签字(盖章)： 年　月　日	签字(盖章)： 年　月　日	签字(盖章)： 年　月　日

实践锻炼计划书

姓　名		所在分院		实践锻炼单位	
主要内容 （拟完成的调研 论文题目）					

2. 实践锻炼人员汇总表。

表 2-26　____年____学院实践锻炼人员汇总表

学院签字(盖章)：　　　　　　　　　　　　　　　　　　实践锻炼人数：

序号	所在二级学院	姓名	主要任教专业	现专业技术职务	实践锻炼形式	实践锻炼时间	拟实践锻炼单位	实践锻炼主要内容	教务处意见

……

(二)教师实践锻炼考核

[范围]

以学期为有效单位,对国际贸易实务专业教师寒、暑假期间在行业企业实践锻炼的经历进行考核。

[权责]

1.专业教师:在规定的实践锻炼考核表提交日之前,向教研室提交实践锻炼考核表。

2.教研室教学秘书:

①在学院规定的实践锻炼考核表提交日之前,完成本教研室教师实践锻炼考核表的汇总和备档。

②在学院规定的实践锻炼考核表提交日之前,将教师个人考核表与教研室汇总提交至国际商学院办公室。

[处理流程]

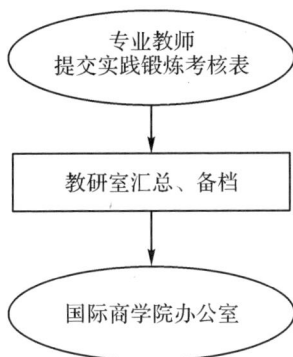

图 2-8

[具体要求]

教师要重视职业生涯提升中的企业经历,要积极到行业一线参与多种形式的实践锻炼。并通过对行业新发展和企业相关工作岗位的深度调研,进一步提升自我专业能力,为课程教学积累更多实例,丰富课程教学内容。

关于教师实践锻炼考核表的提交时间,原则上要求:

1.专业教师:

应于寒假或暑假结束后、新一学期教学工作开始的第一周内,将专业教师实践锻炼考核表提交至教研室教学秘书处。

2.教研室教学秘书:

应于寒假或暑假结束后、新一学期教学工作开始的第一周内,完成本教研室专业教师实践锻炼考核情况汇总。并随附专业教师实践锻炼考核表,提交至国际商学院办公室。

[提交材料]

1.专业教师实践锻炼考核表:

①电子版:由教师提供、教研室汇总备档,并提交至国际商学院。电子版文件命名规则为:专业教师实践锻炼考核表—×××。如:专业教师实践锻炼考核表—张三。

②纸质版:纸质版一份、A4纸打印,由专业教师提供、教研室汇总,并提交至国际商学院办公室。

2.实践锻炼考核结果汇总表:

①电子版:由教研室填制、备档,并提交至国际商学院办公室。电子版文件命名规则为:实践锻炼考核结果汇总表—×××专业。如:实践锻炼考核结果汇总表—国贸。考核等级栏留空不填。

②纸质版:纸质版一份、A4纸打印,由教研室提交至国际商学院办公室。

[使用表格]

1.专业教师实践锻炼考核表。

表 2-27　专业教师实践锻炼考核表

姓　名		性　别		出生年月		学历学位	
所在分院			现专业技术职务				
实践锻炼形式	□校内挂职锻炼		□校外挂职锻炼		□假期实习锻炼		□其他

实践锻炼单位		单位联系人	
实践锻炼时间	年 月 日— 年 月 日	累积时间	天
本次取得的职业资格证书		取得时间	年 月
实践锻炼主要内容	本人签字： 年 月 日		
实践单位考核意见	负责人签字： （单位盖章） 年 月 日		
分院考核意见	负责人签字： （分院公章） 年 月 日		

实践锻炼总结

姓 名		所在分院		实践锻炼单位	
主要收获或成果（挂职锻炼提交研究报告或论文）					
备 注					

2.实践锻炼考核结果汇总表。

表 2-28 _____年_____学院实践锻炼考核结果汇总表

学院签字(盖章):　　　　　　　　　　　　实践锻炼人数:

序号	所在二级学院	姓名	主要任教专业	现专业技术职务	实践锻炼形式	实践锻炼时间	累计天数	实践锻炼单位	实践锻炼主要内容	本次取得职业资格证书	取得时间	考核等级	教务处意见

······

第四节

教师竞赛指导管理

一、专业（学科）竞赛组织与指导

[范围]

以学年为有效单位，对专业教师参与专业（学科）竞赛组织与指导进行管理。

[具体要求]

1. 学院重大专业（学科）技能竞赛主要涉及国家级项目、省级项目两个级别。

①国家级项目。凡由国家部委、直属机关等行政职能单位（政府部门）主办的、全国各大专院校学生参与的各项专业（学科）竞赛为全国竞赛项目，如教育部、人力资源和社会保障部、团中央等主办的专业相关类赛事。

②省级项目。凡与专业（学科）相关、由省直属机关、省教育行政职能单位、国家机关的直属机关或国家教育部直属职能单位主办的全省各大专院校学生参与的各项竞赛或全国竞赛的省级选拔赛等为省（部）竞赛项目，如省教育厅、省人

力资源和社会保障厅、团省委等部门单独或联合主办的全省大专院校学生参与的赛事。

2.专业(学科)技能竞赛指与专业、学科关系紧密的各类竞赛,原则上以二级学院为管理主体,负责日常工作,学院学生竞赛工作委员会、教务处等相关职能部门负责整体协调。专业(学科)技能类竞赛主要以浙江省大学生科技竞赛委员会所定赛事为主,具体包括数学建模、程序设计、财会信息化竞赛、管理案例分析大赛、电子商务竞赛、统计调查方案设计、多媒体作品设计、实用英语口语大赛等相关赛事。

[参赛组织]

学院重大竞赛项目,由赛事责任部门负责选拔在校的优秀学生组成集训队。省级及以上行政部门主办的专业(学科)技能竞赛项目,相关二级学院与专业必须组队参加。参赛名额按照竞赛方案要求确定,在参赛名额允许的条件下,原则上参赛队伍名额保证在 3 个及以上,集训队(人)数=参赛队(人)数×1.5,并向教务处提交竞赛申请表和培训申请表,并附竞赛辅导计划,辅导计划应包括每次辅导的内容、起止时间、地点、培训教师姓名、职称、辅导总课时等,并附培训学生名单(姓名、所在二级学院、班级等),辅导计划必须在辅导开始前报教务处备案,经教务处同意后方可执行。

[日常管理]

经批准后的竞赛申请与辅导计划将视作常规教学工作纳入日常教学管理,教务处将据此进行检查,具体管理要求与日常教学相同。原则上省级项目指导教师不超过 2 名,国家级项目不超过 3 名。参赛期间,带队教师应注意参赛学生人身安全,如对日常教学工作有影响,应与教务处、学生处、保卫处等有关部门及时沟通。

[经费报销]

项目竞赛之后,项目组应向二级学院及教务处递交项目总结,同时报销参赛费、交通费、住宿费等相关费用。

［项目奖励］

获奖项目可分别在每年 6 月 20 日和 11 月 20 日前,以二级学院为单位,向教务处递交当年二级学院专业(学科)技能竞赛奖励申请表。学院根据文件要求,给予统一奖励。省级及以上重点(特色)专业团队应在相关技能竞赛中成绩名列前茅,并以此作为该学年专业建设绩效考核的重要指标。教师参与学生专业(学科)技能竞赛指导工作并取得优异成绩的,同等条件下,该学年教师教学工作业绩考核优先考虑评优。同时,学院将教师指导学生参加全国职业技能竞赛项目的成绩纳入岗位聘任的指标,具体如下:①教师指导学生参加国家级比赛获得一等奖,指导教师按排名先后分别奖励一项 B、C、C 类指标;②教师指导学生获得国家级比赛二等奖,指导教师按排名先后分别奖励一项 C、D、D 类指标;③教师指导学生获得国家级比赛三等奖或省级一等奖,排名第一位的指导教师奖励一项 D 类指标。

学院专业(学科)技能竞赛的管理办法,具体说明请参照浙金院教〔2019〕34号《关于印发〈专业(学科)技能竞赛管理办法〉的通知》。

［提交材料］

1.浙江金融职业学院学生参赛申请表:

①电子版:由竞赛指导教师提供、教研室汇总备档,并提交至国际商学院办公室。电子版文件命名规则为:××××年浙江金融职业学院学生参赛申请表(专业名称)。如:2019 年浙江金融职业学院学生参赛申请表(国贸)。

②纸质版:纸质版一份、A4 纸打印,由竞赛指导教师提供、教研室汇总,并提交至国际商学院办公室。

2.浙江金融职业学院竞赛项目培训申请表:

①电子版:由竞赛指导教师提供、教研室汇总备档,并提交至国际商学院办公室。电子版文件命名规则为:××××年浙江金融职业学院竞赛项目培训申请表(专业名称)。如:2019 年浙江金融职业学院竞赛项目培训申请表(国贸)。

②纸质版:纸质版一份、A4 纸打印,由竞赛指导教师提供、教研室汇总,并提交至国际商学院办公室。

3.竞赛辅导计划：

①电子版：由竞赛指导教师提供、教研室汇总备档，并提交至国际商学院办公室。电子版文件命名规则为：××××年××竞赛辅导计划（专业名称）。如：2019年外贸技能竞赛辅导计划（国贸）。

②纸质版：纸质版一份、A4纸打印，由竞赛指导教师提供、教研室汇总，并提交国际商学院办公室。

[使用表格]

1.浙江金融职业学院学生参赛申请表。

表 2-29　浙江金融职业学院学生参赛申请表

竞赛项目名称				
竞赛主办单位			竞赛级别	
竞赛承办单位				
竞赛地点				
参赛项目管理系（部）				
参赛人数/项目数				
项目组或参赛队组成	成员		指导教师	
	系别	姓名	系别	姓名
参赛或组织单位意见	签章： 年　月　日			

续　表

职能部门意见	签章： 年　月　日
校领导意见	签章： 年　月　日

注：1."项目组或参赛队组成"栏不够时可追加；2."参赛或组织单位"指负责参赛项目的系（部）或相应部门；3.本表一页不够时可跨页。

2.浙江金融职业学院竞赛项目培训申请表。

表2-30　浙江金融职业学院竞赛项目培训申请表

申请部门		申请时间	
培训起止时间		培训地点	
培训人数		培训课时数	
项目培训负责人		项目培训教师	
拟定参加 竞赛情况	竞赛性质	国家级（　　）省级（　　）市级（　　）	
	竞赛名称		
	主办单位		
部门申请 事由及意见	部门领导签字：　　　　　　　　部门签章		
竞赛办意见			

续 表

教务处意见	负责人签字：　　　　　　　教务处签章
备　注	

说明:1."竞赛性质"在相应的项目括号内打"√"。2.配合此表同时上报部门竞赛培训计划(附培训详细安排,课时、时间、地点,培训教师,学生)。3.未尽事宜在备注栏内注明。

3.专业(学科)技能竞赛奖励申请表。

表 2-31　学院专业(学科)技能竞赛

奖励申请表(　　年度)

序号	比赛名称	项目级别	指导教师	获奖学生	获得奖项	申请奖金
		……				
合计						

备注:请对照文件填写申请奖金额度,并随表附上相关获奖证书或获奖文件。

二、学院重大专业（学科）技能竞赛管理

［范围］

以学年为有效单位,对专业教师参与指导学院重大专业(学科)技能竞赛进行管理。

［具体要求］

学院重大专业(学科)技能竞赛主要涉及国家级项目、省级项目两个级别。

1.国家级项目。凡由国家部委、直属机关等行政职能单位(政府部门)主办

的、全国各大专院校学生参与的各项专业（学科）竞赛为全国竞赛项目，如教育部、人力资源和社会保障部、团中央等主办的专业相关类赛事。

2.省级项目。凡与专业（学科）相关、由省直属机关、省教育行政职能单位、国家机关的直属机关或国家教育部直属职能单位主办的全省各大专院校学生参与的各项竞赛或全国竞赛的省级选拔赛等为省（部）竞赛项目，如省教育厅、省人力资源和社会保障厅、团省委等部门单独或联合主办的全省大专院校学生参与的赛事。

［经费资助］

学院重大专业（学科）技能竞赛项目经费资助对于承担学院重大专业（学科）竞赛项目的二级学院，学院拨付一定的项目经费给予校内竞赛活动的开展，经费资助额度根据赛项上一年度获奖情况拨付（如无组织校内竞赛，取消下一年度经费资助）。

［指导教师工作量计算说明］

1.根据学校专业（学科）竞赛以奖励为主的原则，对重大竞赛项目的辅导给予固定的工作量补贴（注：讲师职称教师工作量补贴参照副教授标准发放）。如有特殊情况，报备教务处批准后执行。

2.以集中授课形式辅导的，指导教师应按所报的辅导计划认真负责地进行辅导。教务处从收到辅导计划时开始组织定期抽查。若辅导计划有变动（变动时间、地点、指导教师），应事先报告竞赛责任部门负责人，经其批准后报教务处备案。

学院重大专业（学科）技能竞赛的管理办法，具体说明请参照浙金院教〔2019〕34号《关于印发〈专业（学科）技能竞赛管理办法〉的通知》。

［提交材料］

学科技能竞赛辅导计划：

电子版：由竞赛指导教师提供、教研室备档，并提交至国际商学院办公室。电子版文件命名规则为：××××年××学科技能竞赛辅导计划（专业名称）。如：2019年外贸技能竞赛辅导计划（国贸）。

三、教师竞赛奖励申请

(一)专业(学科)技能竞赛奖励申请

[范围]

以单位自然年为有效单位,对专业教师参与指导准省级及以上级别专业学科技能竞赛并获得相应奖项的奖励申请进行管理。

[权责]

1.指导教师:在规定的奖励申请日之前,向教研室提交专业(学科)技能竞赛奖励申请。

2.教研室教学秘书:

①在学院规定的奖励申请日之前,完成本教研室专业(学科)技能竞赛奖励申请的汇总和备档。

②在学院规定的奖励申请日之前,将相关材料提交至国际商学院办公室。

[处理流程]

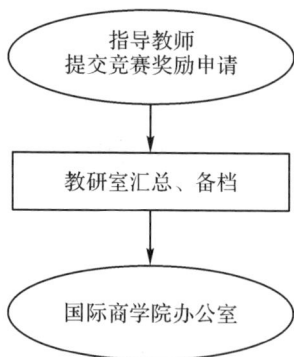

图 2-9

[专业(学科)技能竞赛奖励说明]

专业(学科)技能竞赛奖励以单位自然年为统计年限区间。

专业(学科)技能竞赛指与专业、学科关系紧密的各类竞赛,原则上以二级学院为管理主体,负责日常工作,学院学生竞赛工作委员会、教务处等相关职能部门负责整体协调。

1.竞赛级别。

学科技能竞赛奖励主要涉及国家级、省级、准省级三个级别。市级及以下不给予奖励。

①国家级项目。凡由国家部委、直属机关等行政职能单位(政府部门)主办的全国各大专院校学生参与的各项专业(学科)竞赛均为全国竞赛项目,如教育部、人力资源和社会保障部、团中央等主办的专业相关类赛事。

②省级项目。凡与专业(学科)相关,由省直属机关、省教育行政职能单位、国家机关的直属机关或国家教育部直属职能单位主办的全省各大专院校学生参与的各项竞赛或全国竞赛的省级选拔赛等均为省(部)竞赛项目,如省教育厅、省人力资源和社会保障厅、团省委等部门单独或联合主办的全省大专院校学生参与的赛事。

③准省级项目。凡是由教育部各类专业教学指导委员会主办,全国各大专院校学生参与的各项竞赛视同准省级项目,其奖励经费按省级标准70%执行。

2.竞赛奖励。

参赛获奖后,项目组在完成参赛情况总结后,教务处对获奖项目组指导教师进行奖励。奖励分为团体比赛(团体比赛指按各参赛队员或小组的总积分排名获奖)和个人比赛两类以及学院重大竞赛项目和非重大竞赛项目两个层次。非重大竞赛项目的专业(学科)技能竞赛项目,经学院学生竞赛工作委员会认定后,按学院重大竞赛项目同级别的70%奖励。省级与国家级同时获奖,就高发放,不重复计。

赛事级别及申请奖励金额内容的填写,具体说明请参照浙金院教〔2019〕34号《关于印发〈专业(学科)技能竞赛管理办法〉的通知》。

[具体要求]

1.指导教师:在获奖名单发布后一周内,将专业(学科)技能竞赛奖励申请及相关佐证材料提交至教研室教学秘书处,逾期则不受理。

2.教研室教学秘书:

①在收到指导教师申请后一周内,完成专业(学科)技能竞赛奖励申请表的汇总;

②在收到国际商学院办公室申报通知后,第一时间提交申请汇总表及佐证材料。

[提交材料]

1.学科技能竞赛奖励申请表:

电子版:由竞赛指导教师提供、教研室汇总备档,并提交至国际商学院办公室。电子版文件命名规则为:××××年学科技能竞赛奖励申请表(专业名称)。如:2017年学科技能竞赛奖励申请表(国贸)。

2.竞赛赛项总结:

电子版:由竞赛指导教师提供、教研室汇总备档,并提交至国际商学院办公室。电子版文件命名规则为:竞赛赛项总结—竞赛名称。如:竞赛赛项总结—POCIB大赛。

3.竞赛指导过程性材料包:

电子版:由竞赛指导教师提供、教研室提交至国际商学院办公室。文件夹命名规则为:××××年竞赛名称过程性材料。如:2017年POCIB大赛过程性材料。文件夹内应包括但不局限于:竞赛报名材料、过程性照片。

4.获奖证书:

电子版:清晰版获奖证书扫描件,PDF格式。由竞赛指导教师提供、教研室汇总备档,并提交至国际商学院办公室。

电子版文件命名规则为:

①团体奖项获奖证书:获奖内容。如:POCIB团体一等奖。

②指导教师或学生个人奖项获奖证书:指导教师姓名或学生姓名+获奖内容。如:张三一等奖。

[使用表格]

1.学科技能竞赛奖励申请表。

表 2-32 ＿＿＿＿＿学院学科技能竞赛奖励申请汇总表

序号	比赛名称	比赛时间	指导教师	获奖学生	赛事主办方	赛事级别	获得奖项	申请奖励金额

·······

备注：1.赛事级别及申请奖励金额内容的填写参照浙金院教〔2019〕34 号《关于印发〈专业（学科）技能竞赛管理办法〉的通知》；2.请提供获奖证书复印件并按照表格中的信息顺序进行排列。

2.学科技能竞赛赛项总结。

①赛事篇。

A.竞赛名称。

B.竞赛组织情况。

可以用文字进行描述（如果有可能，请画出组织机构流程图）。

C.学生参与情况。

表 2-33 学生参与学科竞赛的情况

赛事名称	阶段		参与学生人数				参与学生专业分布情况
			大一	大二	大三	合计	
	报名						
	参赛/校内选拔赛前培训						
	校内选拔赛	参赛					
		获奖					
	准省级比赛	参赛					
		获奖					
	国家级比赛	参赛					
		获奖					

D. 教师团队情况。

表 2-34　指导教师情况一览

职称	高级	中级	初级	合计
人数				
所占比例				

用文字描述一下竞赛整个指导教师队伍情况。

②学生项目篇。

A. 竞赛获奖作品介绍。

每项竞赛优秀作品分类介绍,最好附上清晰图片(以便喷绘),相关内容介绍,以及作品转化为相关教学资源、取得的相关社会效益等。

B. 获奖学生竞赛感言。

表 2-35　获奖学生情况一览

姓　　名		性别		获奖学生个人照
专　　业		班级		
毕业年份		邮编		
工作单位				
联系地址				
代表作品(多个请以/间隔)			作品类别	
竞赛名称			奖　　项	
演示地址				
竞赛感言、寄语(您参加竞赛的感想、对您个人发展成长的影响等,200—500字)				
个人简历(学校任职以及所获奖项)				

(二)素质拓展类奖励申请

[范围]

以单位自然年为有效单位,对专业教师参与指导素质拓展类竞赛并获得相应奖项的奖励申请进行管理。

[权责]

1.指导教师:在规定的奖励申请日之前,向教研室提交素质拓展类奖励申请。

2.教研室教学秘书:

①在学院规定的奖励申请日之前,完成本教研室素质拓展类奖励申请的汇总和备档;

②在学院规定的奖励申请日之前,将相关材料提交至国际商学院办公室。

[处理流程]

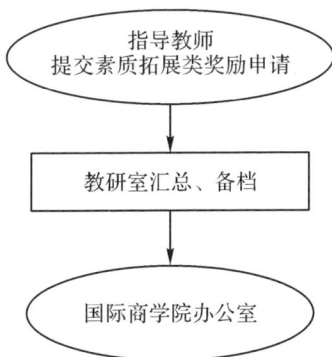

图 2-10

[素质拓展类竞赛奖励说明]

素质拓展类竞赛奖励以单位自然年为统计年限区间。

素质拓展类竞赛主要指创新创业、文化、艺术、体育等竞赛,原则上以二级学院为管理主体,并对接相应学生社团。学院学生竞赛工作委员会、教务处、团委等相关职能部门负责整体协调。素质拓展类竞赛主要以省级及以上政府行政主管部门所定赛事为主,具体包括创新创业"挑战杯"竞赛、大学生艺术节、大学生职业生涯规划大赛、大学生辩论赛、大学生运动会等相关赛事。

1. 竞赛级别。

学科技能竞赛奖励主要涉及国家级、省级、准省级三个级别。市级及以下不给予奖励。

①国家级项目。凡由国家部委、直属机关等行政职能单位（政府部门）主办的全国各大专院校学生参与的各项专业（学科）竞赛均为全国竞赛项目，如教育部、人力资源和社会保障部、团中央等主办的专业相关类赛事。

②省级项目。凡与专业（学科）相关，由省直属机关、省教育行政职能单位、国家机关的直属机关或国家教育部直属职能单位主办的全省各大专院校学生参与的各项竞赛或全国竞赛的省级选拔赛等均为省（部）竞赛项目，如省教育厅、省人力资源和社会保障厅、团省委等部门单独或联合主办的全省大专院校学生参与的赛事。

③准省级项目。凡是由教育部各类专业教学指导委员会主办，全国各大专院校学生参与的各项竞赛视同准省级项目，其奖励经费按省级标准70%执行。

2. 竞赛奖励。

参赛获奖后，项目组在完成参赛情况总结后，教务处对获奖项目组指导教师进行奖励。奖励分为团体比赛（团体比赛指按各参赛队员或小组的总积分排名获奖）和个人比赛两类以及学院重大竞赛项目和非重大竞赛项目两个层次。非重大竞赛项目的专业（学科）技能竞赛项目，经学院学生竞赛工作委员会认定后，按学院重大竞赛项目同级别的70%奖励。省级与国家级同时获奖，就高发放，不重复计。

赛事级别及申请奖励金额内容的填写，具体说明请参照浙金院教〔2019〕34号《关于印发〈专业（学科）技能竞赛管理办法〉的通知》。

[**具体要求**]

1. 指导教师：在获奖名单发布后一周内，将素质拓展类竞赛奖励申请及相关佐证材料提交至教研室教学秘书处，逾期则不受理。

2. 教研室教学秘书：

①在收到指导教师申请后一周内，完成素质拓展类竞赛奖励申请表的汇总；

②在收到国际商学院办公室申报通知后,第一时间提交申请汇总表及佐证材料。

[提交材料]

1.素质拓展类竞赛奖励申请表:

电子版:由竞赛指导教师提供、教研室汇总备档,并提交至国际商学院办公室。电子版文件命名规则为:××××年素质拓展类竞赛奖励申请表(专业名称)。如:2018年素质拓展类竞赛奖励申请表(国贸)。

2.竞赛赛项总结:

电子版:由竞赛指导教师提供、教研室汇总备档,并提交至国际商学院办公室。电子版文件命名规则为:竞赛赛项总结—竞赛名称。如:竞赛赛项总结—创新创业"挑战杯"竞赛。

3.竞赛指导过程性材料包:

电子版:由教师提供、教研室汇总备档,并提交至国际商学院办公室。电子版文件夹命名规则为:××××年×××竞赛名称。如:2018年创新创业"挑战杯"竞赛。文件夹内应包括但不局限于:竞赛报名材料、过程性照片。

4.获奖证书:

电子版:清晰版获奖证书扫描件,PDF格式。由竞赛指导教师提供、教研室汇总备档,并提交至国际商学院办公室。

电子版文件命名规则为:

①团体奖项获奖证书:获奖内容。如:创新创业"挑战杯"竞赛团体一等奖。

②指导教师或学生个人奖项获奖证书:指导教师姓名或学生姓名+获奖内容。如:张三一等奖。

[使用表格]

1.素质拓展类竞赛奖励申请表。

表 2-36　学院素质拓展类竞赛奖励申请汇总表(年度)

序号	比赛名称	项目级别	指导教师	获奖学生	获得奖项	申请奖金
......						
合　计						

注:请对照文件填写申请奖金额度,并随表附上相关获奖证书或文件复印件。

2.素质拓展类竞赛赛项总结。

①赛事篇。

A.竞赛名称。

B.竞赛组织情况。

可以用文字进行描述(如果有可能,请画出组织机构流程图)。

C.学生参与情况。

表 2-37　学生参与学科竞赛的情况

赛事名称	阶段		参与学生人数				参与学生专业分布情况
			大一	大二	大三	合计	
	报名						
	参赛/校内选拔赛前培训						
	校内选拔赛	参赛					
		获奖					
	准省级比赛	参赛					
		获奖					
	国家级比赛	参赛					
		获奖					

D. 教师团队情况。

表 2-38　指导教师情况一览

职称	高级	中级	初级	合计
人数				
所占比例				

用文字描述一下竞赛整个指导教师队伍情况。

②学生项目篇。

A. 竞赛获奖作品介绍。

每项竞赛优秀作品分类介绍,最好附上清晰图片(以便喷绘),相关内容介绍,以及作品转化为相关教学资源、取得的相关社会效益等

B. 获奖学生竞赛感言。

表 2-39　获奖学生情况一览

姓　　名		性别		获奖学生个人照
专　　业		班级		
毕业年份		邮编		
工作单位				
联系地址				
代表作品 (多个请以/间隔)			作品类别	
竞赛名称			奖　项	
演示地址				
竞赛感言、寄语 (您参加竞赛的感想、对您个人发展成长的影响等, 200—500 字)				
个人简历(学校任职以及所获奖项)				

(三)工会获奖情况统计

[范围]

以单位自然年为有效单位,对专业教师参与指导市级及以上级别竞赛并获得相应奖项的奖励申请进行管理。

[权责]

1.指导教师:在规定的奖励申请日之前,向教研室提交工会奖励申请。

2.教研室教学秘书:

①在学院规定的奖励申请日之前,完成本教研室工会奖励申请的汇总和备档。

②在学院规定的奖励申请日之前,将相关材料提交至国际商学院办公室。

[处理流程]

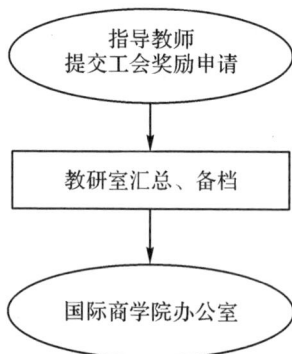

图 2-11

[工会获奖情况统计说明]

1.统计来源:工会所辖专业教师校外获奖情况。

2.工会获奖情况统计以单位自然年为统计年限区间。

3.竞赛级别。

工会获奖情况统计主要涉及国家级、省级、准省级和市级四个级别。校级及以下不纳入统计范围。

①国家级项目。凡由国家部委、直属机关等行政职能单位(政府部门)主办

的全国各大专院校学生参与的各项专业(学科)竞赛均为全国竞赛项目,如教育部、人力资源和社会保障部、团中央等主办的专业相关类赛事。

②省级项目。凡与专业(学科)相关,由省直属机关、省教育行政职能单位、国家机关的直属机关或国家教育部直属职能单位主办的全省各大专院校学生参与的各项竞赛或全国竞赛的省级选拔赛等均为省(部)竞赛项目,如省教育厅、省人力资源和社会保障厅、团省委等部门单独或联合主办的全省大专院校学生参与的赛事。

③准省级项目。凡是由教育部各类专业教学指导委员会主办,全国各大专院校学生参与的各项竞赛均视同准省级项目,其奖励经费按省级标准70%执行。

④市级项目。凡由市级直属机关或市教育行政职能单位或省级直属协(学)会主办的竞赛或省级竞赛的市级选拔赛均为市级竞赛项目,如市教育局、团市委、市级协(学)会、其他市级团体等机构主办的赛事。凡是由全国性的学会、行业协会、教育部各类专业教学指导委员会主办,全省各大专院校学生参与的省级选拔赛或省级学会、行业协会、教育部各类专业教学指导委员会主办,全省各大专院校学生参与的省级比赛,视同准市级项目。

[具体要求]

1.指导教师:在获奖名单发布后一周内,将工会奖励申请及相关佐证材料提交至教研室教学秘书处,逾期则不受理。

2.教研室教学秘书:

①在收到指导教师申请后一周内,完成工会奖励申请表的汇总;

②在收到国际商学院办公室申报通知后,第一时间提交申请汇总表及佐证材料。

[提交材料]

1.工会获奖情况表:

电子版:由教师提供、教研室汇总备档,并提交至国际商学院办公室。电子版文件命名规则为:××××年××分工会获奖情况表。如:2018年国贸分工会获奖情况表。

2.竞赛赛项总结。

电子版:由竞赛指导教师提供、教研室汇总备档,并提交至国际商学院办公室。电子版文件命名规则为:竞赛赛项总结—竞赛名称。如:竞赛赛项总结—创新创业"挑战杯"竞赛。

3.竞赛指导过程性材料包:

电子版:由教师提供、教研室汇总备档,并提交至国际商学院办公室。电子版文件夹命名规则为:××××年竞赛名称。如:2018年创新创业"挑战杯"竞赛。文件夹内应包括但不局限于:竞赛报名材料、过程性照片。

4.获奖证书:

电子版:清晰版获奖证书扫描件,PDF格式。由竞赛指导教师提供、教研室汇总备档,并提交至国际商学院办公室。

电子版文件命名规则为:

①团体奖项获奖证书:获奖内容。如:创新创业"挑战杯"竞赛团体一等奖。

②指导教师或学生个人奖项获奖证书:指导教师姓名或学生姓名+获奖内容。如:张三一等奖。

[使用表格]

工会获奖情况表。

表 2-40　浙江金融职业学院校外获奖名单(集体)

序号	获奖名称	获奖时间	颁奖部门	获奖部门或指导老师

······

第 三 章

专业学生发展档案管理制度

第一节

学生实习管理

一、学生认识实习管理

◎ **目的**

认识实习是职业教育实践性教学的一个重要环节,其主要目的在于通过对实际业务单位的参观、访问、调查和参与简单的业务操作实践,了解本专业所面向的职业与岗位的工作性质、工作内容,培养专业兴趣,增强职业意识,为后续专业课程的学习打下感性的认知基础。

[**实习安排**]

1.学生认识实习时间:以当年学院发文为准。

2.认识实习单位:学生认识实习采取学生家庭住址就近实习原则,根据本专业所面向的职业和岗位,确定合适的实习单位。

3.认识实习方式:通过参观、访问、调查等形式,了解本专业面向职业与岗位的工作特点、工作内容及从业的基本要求,有条件的学生尽可能参加简单的业务实践。

[实习要求]

1.学生在认识实习过程中,要严格遵守实习单位的规章制度,服从实习单位的安排,以新一代大学生的责任感,模范遵守社会公德,认真体会职业道德。

2.认识实习既是一个领会学习过程,也是一个社会实践过程,学生在实习中要谦虚谨慎;条件许可的,要深入岗位第一线,在实践中增进对于专业与职业岗位的经验认知,增强职业意识。

3.实习结束后,学生应对实习过程进行总结,形成认识实习报告。实习报告内容可以是对于实习内容某一方面的社会调查,也可以是对于职业与岗位的体会认识。实习报告于下学期开学初交至各专业教研室。待教研室组织教师评定后,将成绩汇总并提交至各二级学院办公室作为必修成绩记入学生档案。

[处理流程]

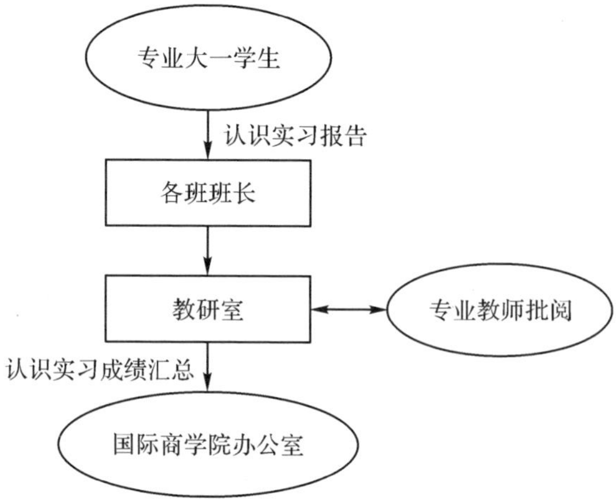

图 3-1

[管理要求]

认识实习报告的提交,原则上要求:

1.在实习结束后、学期教学工作开始的第一周,由本专业大一各班班长负责汇总所在班级学生的认识实习报告(纸质版),并提交至国际贸易实务专业教研室。

注意

①认识实习报告汇总需按学号排序整理。

②认识实习报告封面需盖有实习单位公章。若无,则班长退还相关学生,并要求其重做。

2.在学院规定的认识实习评定截止日前,专业教师需完成学生认识实习报告的批阅工作。

注意

①教师需对学生认识实习进行成绩评定,并在实习报告中撰写评语。

②教师需在学生认识实习报告封面左上角填写评定成绩,以便教研室做进一步成绩汇总。

3.在学院规定的认识实习评定截止日前,教研室教学秘书需完成本专业认识实习评定成绩汇总表(电子版)的统计。待教研室备档后,随附专业学生认识实习报告(纸质版)提交至国际商学院办公室。

[使用表格]

浙江金融职业学院认识实习报告模板。

第一页：

浙江金融职业学院
认识实习报告

姓　　名：

专　　业：

班　　级：

学　　号：

实习单位：

年　　月　　日

第二页：

填表说明

1.请用钢笔或签字笔填写,字迹端正。

2.实习报告字数要求在 1000 字左右。

3.本表于 9 月上旬前交至各学院办公室,由各学院对学生实习情况进行考核鉴定。

第三页：

实习报告

题目：

签字：

年　　月　　日

二、学生创新创业认知实习管理

◎ 目的

创新创业认知实习是职业教育实践性教学的一个重要环节,其主要目的在于通过对实际业务单位的参观、访问、调查和参与简单的业务操作实践,了解本专业所面向的职业与岗位的工作性质、工作内容,培养专业兴趣,增强职业意识,为后续专业课程的学习打下感性的认知基础。

[实习安排]

1.学生创新创业认知实习时间:以当年学院发文为准。

2.认识实习单位:学生认识实习采取学生家庭住址就近实习原则,根据本专业所面向的职业和岗位,确定合适的实习单位。

3.认识实习方式:通过参观、访问、调查等形式,了解本专业面向职业与岗位的工作特点、工作内容及从业的基本要求,有条件的学生尽可能参加简单的业务实践。

[实习要求]

1.学生在创新创业认知实习过程中,要严格遵守实习单位的规章制度,服从实习单位的安排,以新一代大学生的责任感,模范遵守社会公德,认真体会职业道德。

2.创新创业认知实习既是一个领会学习过程,也是一个社会实践过程,学生在实习中要谦虚谨慎;条件许可的,要深入岗位第一线,在实践中增进对于专业与职业岗位的经验认知,增强职业意识。

3.实习结束后,学生应对实习过程进行总结,形成认识实习报告。实习报告内容可以是对于实习内容某一方面的社会调查,也可以是对于职业与岗位的体会认识。实习报告于下学期开学初交至各专业教研室。待教研室组织教师评定后,将成绩汇总并提交至各二级学院办公室作为必修成绩记入学生档案。

[处理流程]

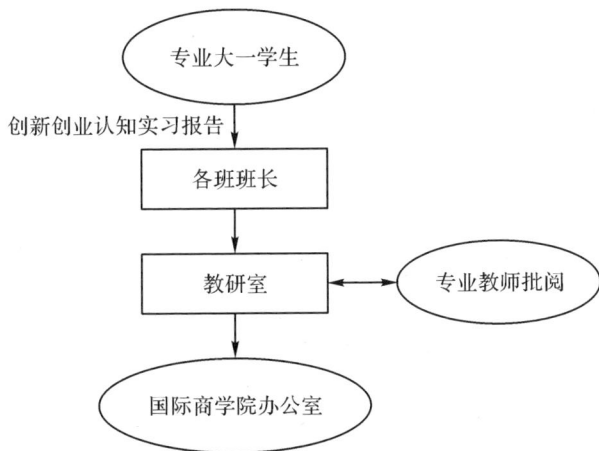

图 3-2

[管理要求]

创新创业认知实习报告的提交,原则上要求:

1.在实习结束后、学期教学工作开始的第一周,由本专业大一各班班长负责汇总所在班级学生的创新创业认知实习报告(纸质版),并提交至国际贸易实务专业教研室。

注意

创新创业认知实习报告汇总需按学号排序整理。

2.在学院规定的创新创业认知实习评定截止日前,专业教师需完成学生创新创业认知实习报告的批阅工作。

注意

①教师需对学生创新创业认知实习进行成绩评定,并在实习报告中撰写评语。

②教师需在学生实习报告封面左上角填写评定成绩,以便教研室做进一步成绩汇总。

3.在学院规定的认识实习评定截止日前,教研室教学秘书需将专业学生创新创业认知实习报告(纸质版)提交至国际商学院办公室。

[使用表格]

浙江金融职业学院创新创业认知实习报告模板。

第一页:

浙江金融职业学院
创新创业认知实习报告

姓　　名:

专　　业:

班　　级:

学　　号:

实习单位:

年　　　月　　　日

第二页：

填表说明

1.请用钢笔或签字笔填写,字迹端正。

2.实习报告字数要求在 1000 字左右。

3.本表于 9 月上旬前交至各学院办公室,由各学院对学生实习情况进行考核鉴定。

第三页：

实习报告

题目：   签字： 年　　月　　日

三、学生跟岗实习管理

目的

跟岗实习是教学计划的重要组成部分,是贯彻理论联系实际原则,是对学生进行专业训练的重要环节,也是保证人才培养规格的重要手段。

[实习安排]

1.跟岗实习时间:以当年学院发文为准。

2.实习单位由学生根据自己的实习情况自行联系。原则上要求在外贸企业、国际货运公司、报关行、海关、商业银行国际业务部和保险公司国际业务部等外贸业务相关单位实习,确有困难的可以在企业的财务部门或银行机构的其他部门实习。学生中途不能随意更换或变更实习单位。

3.学生联系好实习单位后,要将实习单位的地址、名称、联系电话等信息,通过电话或电邮方式告知班主任。

4.联系实习单位时,需由所在学院出具介绍信的同学,可以在接到本计划后到学院办公室开具。

[实习要求]

1.根据实习内容,在实习指导教师的指导下,深入企业进行调查研究,上岗处理相关业务。

2.学生在实习中要根据所学的专业知识,结合实习体会和心得,写出实习日记;实习结束时要写出专业实习报告。并如实填写教务处有关学生实习表格。

3.学生实习中要经常保持与实习指导教师的联系,并接受其指导和检查。

4.学生实习期间要严格遵守实习单位的作息制度,做到不迟到、不早退、不旷工,因病、因事要事前向实习单位请假,经同意后方可离岗。学生请假缺席三分之一以上实习时间,取消本次实习成绩评定资格;无故缺席(旷工)三分之一以上实习时间,实习成绩按零分处理,不再重新安排实习,并按学院有关条例给予行政处分。

5.学生在实习中要遵守实习单位规章制度和社会公民道德;服从实习单位和指导教师的指挥和安排;虚心主动地向指导教师求教,真正学到他们丰富的专业知识、认真的工作态度和严谨的工作作风;同时要尊重实习单位的每一位工作人员。要严格遵守实习单位的保密制度,不随意打听和传播有关实习单位的机密事务。

6.学生在实习期间要注意人身安全,防止意外事故的发生。如遇突发事件,应及时向实习单位和学院汇报。

[实习考核]

建立以育人为目标的实习考核评价制度,并会同实习单位根据学生实习岗位职责要求制订具体考核方式和标准,实施考核工作。考核结果记入实习学生学业成绩,考核结果分优秀、良好、合格和不合格四个等级,并纳入学籍档案。实习结束后,组织做好学生实习情况的立卷归档工作,材料包括:学生实习报告和实习考核结果。

[处理流程]

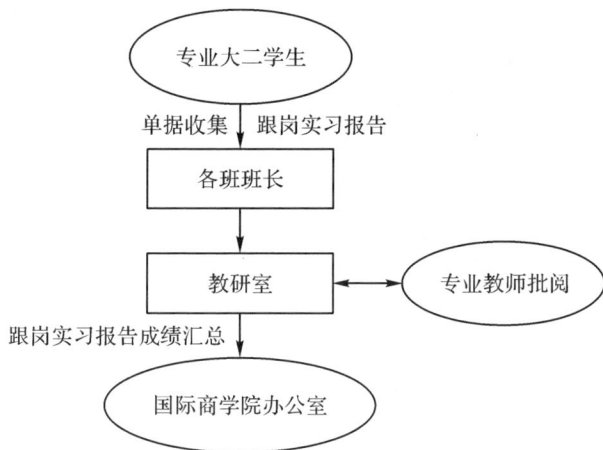

图 3-3

[管理要求]

跟岗实习报告的提交,原则上要求:

1.在实习结束后、学期教学工作开始的第一周,由本专业大二各班班长负责

119

汇总所在班级学生的跟岗实习报告(纸质版),并提交至国际贸易实务专业教研室。

注意

①跟岗实习报告汇总需按学号排序整理。

②跟岗实习报告封面需盖有实习单位公章。若无,则班长退还相关学生,并要求其重做。

2.在学院规定的跟岗实习评定截止日前,专业教师需完成学生跟岗实习报告的批阅工作。

注意

①教师需对学生跟岗实习进行成绩评定,并在实习报告中撰写评语。

②教师需在学生跟岗实习报告封面左上角填写评定成绩,以便教研室做进一步成绩汇总。

3.在学院规定的认识实习评定截止日前,教研室教学秘书需完成本专业跟岗实习评定成绩汇总表(电子版)的统计。待教研室备档后,随附专业学生跟岗实习报告(纸质版)提交至国际商学院办公室。

实习期间单据收集的提交,原则上要求:

在实习结束后、学期教学工作开始的第一周,由本专业大二各班班长负责汇总所在班级学生跟岗实习过程中收集的单据(电子版)。

注意

①单据来源:必须是真实业务,不能是公司空白模板。

②单据(电子版)格式:

参与传统进出口外贸行业跟岗实习的学生,可采用扫描或拍照形式保存相关数据信息。

参与跨境电商行业跟岗实习的学生,可采用前、后端网页截图形式保存相关数据信息。

---

③单据收集要求：

参与传统进出口外贸行业跟岗实习的学生，单据收集应至少包括合同、信用证、发票、箱单、运输单据，以及报关单、产地证、受益人证明等其他单据，且图像信息必须清晰完整。

参与跨境电商行业跟岗实习的学生，单据收集应至少包括前端运营情况和后台店铺数据分析情况，且图像信息必须清晰完整。

④单据收集时效性：以当次专业跟岗实习要求为准。

⑤单据信息提交：

学生需将收集的电子版单据存放于一个文件夹目录下。电子版文件夹命名规则为：学生姓名，如张三。

大二各班班长负责汇总所在班级学生提交的电子版文件夹，并存放于一个压缩包目录下。压缩包命名规则为：班级名称，如国贸162。

［使用表格］

浙江金融职业学院跟岗实习报告模板。

第一页：

浙江金融职业学院
跟岗实习报告

姓　　名：

专　　业：

班　　级：

学　　号：

实习单位：

年　　　月　　　日

第二页：

填表说明

1. 请用钢笔或签字笔填写，字迹端正。

2. 实习报告字数要求在 1500 字左右。

3. 本表于 9 月上旬前交至各学院办公室，由各学院对学生实习情况进行考核鉴定。

第三页：

实习经过

实习起讫时间：

实习目的：

实习主要内容：

实习单位鉴定意见：

（盖章）

年　　月　　日

第四页：

跟岗实习报告

题目：

签字：

年　月　日

末页：

指导教师意见：

签字：
年　月　日

二级学院评定意见：

（盖章）
年　月　日

等级：

注：评定等级为：优秀、良好、合格、不合格。

四、学生顶岗实习管理

目的

顶岗实习是学校课堂教学的有机补充和必不可少的重要教学环节,是培养学生综合素质与技能的重要途径,是校企合作人才培养模式的具体体现。顶岗实习可使学生全面了解企业生产经营运作,在真实的工作环境下,寻求理论与实践的有机结合。

[实习安排]

1.顶岗实习时间:以当年学院发文为准。

2.实习单位由学生根据自己的实习情况自行联系。原则上要求在外贸企业、国际货运公司、报关行、海关、商业银行国际业务部和保险公司国际业务部等外贸业务相关单位实习,确有困难的可以在企业的财务部门或银行机构的其他部门实习。学生中途不能随意更换或变更实习单位。

3.学生联系好实习单位后,要将实习单位的地址、名称、联系电话等信息,通过电话或电邮方式告知班主任。

4.联系实习单位时,需由所在学院出具介绍信的同学,可以在接到本计划后到学院办公室开具。

[实习内容]

毕业实习要与企业、社会需求紧密结合,推动与生产劳动和社会实践结合的学习模式。各专业要根据教育部有关文件精神和《浙江金融职业学院毕业实习管理办法》要求,结合专业培养目标、教学计划和各专业毕业实习工作计划的内容进行实习。毕业实习应以提高学生实践能力与职业能力为目的。通过实习,熟悉职业岗位业务操作流程,熟练掌握岗位职业技能,增强社会适应性,培养团队合作精神,全面提高职业素质。

[实习组织与管理]

1.各二级学院、各专业要明确毕业生顶岗实习工作的目的、要求及责任。各二级学院要协助学生落实毕业实习单位,做好学生毕业实习各项教育管理工作。各二级学院院长是本院学生毕业实习工作的第一责任人,各专业主任是本专业学生毕业实习工作的第一责任人。

2.各专业要认真做好毕业生顶岗实习工作计划,要健全专业核心能力实习实践评价与考核体系,并形成切实可行的实习过程管理、监测、评价、考核实施方案,明确本专业学生毕业实习校内专业指导教师名单。

3.顶岗实习工作计划和管理办法的内容既要有利于提高学生的职业能力,又要保障学生的合法权益,保证学生获得必要的劳动保护。

4.各专业要组织好顶岗实习的动员工作,召开顶岗实习安全宣传,要多样化地收集学生的联系方式,切实保证在突发事件时第一时间联系到学生。

5.学生顶岗实习期间,各专业要有计划组织本专业指导教师赴学生毕业实习单位进行跟踪指导。

6.各二级学院领导、教研室主任要定期到实习单位检查和了解学生的实习情况,发现问题要及时研究解决,重大问题要及时上报教务处和学院领导。

7.学生毕业实习期间,各专业要利用"毕业综合实践管理平台"对学生毕业实习进行过程化管理。

①各指导教师要积极与学生进行沟通交流,以及时了解学生顶岗实习的情况,解决其实际出现的困难和问题。根据学生的顶岗实习状况,教师可采用不同的形式与学生交流,如面谈,打电话,发 QQ 消息、微信消息、邮件、短信或去实践单位交流等形式,也可通过在毕业综合实践管理平台及时答复学生提问、布置作业等形式与学生交流。

②学生每两周至少撰写一篇实习周记,并通过毕业综合实践管理平台交由校内专业指导教师评定。实习周记要全面反映学生在岗学习和工作的情况。实习结束后,每位学生需提交顶岗实习总结。

③若顶岗实习单位有变化的,学生需在毕业综合实践管理平台中及时修改,或告知校内指导教师修改。

8.学生顶岗实习结束后,各专业应将材料交由所在二级学院办公室整理、归档。

9.教务处将不定期地对各二级学院顶岗实习情况进行抽查。

[实习要求]

1.学生按规定时间到实习单位报到,报到后服从实习单位统一安排,遵守单位的一切规章制度。实习单位要有专门的工作岗位供学生顶岗实习,同时每个学生要有固定的行业兼职指导教师进行指导。学生每月在"浙江金融职业学院顶岗实习行业教师指导记录"中详细填写顶岗实习过程中遇到的问题,并请行业指导老师给予指导。

2.实习期间,实习学生必须注意人身安全,原则上,实习单位有条件的,应遵守统一安排,学生自行解决住宿问题的,应尽量集中,及时报备指导教师和二级学院。

3.实习结束,经行业(企业)与学校共同考核合格后,由行业(企业)与学校共同发放"浙江金融职业学院顶岗实习工作经历证书"。

4.学生返校后,将"浙江金融职业学院顶岗实习效果评价表(用人单位评价)""浙江金融职业学院顶岗实习行业教师指导记录""浙江金融职业学院顶岗实习工作经历证书"等纸质材料上交各班班主任。待班主任核查后,上交二级学院。

5.学生返校后,将顶岗实习总结报告上交专业教师。待专业教师批阅后,上交二级学院。

[实习考核]

建立以育人为目标的实习考核评价制度,并会同实习单位根据学生实习岗位职责要求制订具体考核方式和标准,实施考核工作。学生返校后,由专业教师结合学生顶岗实习中的表现,对学生进行成绩评定,按优秀、良好、合格、不合格四级记分,考核结果记入实习学生学业成绩,并纳入学籍档案。实习结束后,组织做好学生实习情况的立卷归档工作,材料包括:学生顶岗实习总结报告和实习考核结果。

[处理流程]

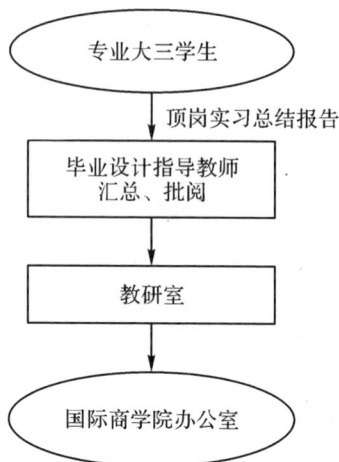

图 3-4

[管理要求]

顶岗实习报告的提交,原则上要求:

1.在实习结束后、毕业生返校第一天,由本专业大三毕业班各班班长负责汇总所在班级学生的顶岗实习总结报告(纸质版)。

注意

①顶岗实习总结报告汇总需按学号排序整理。

②顶岗实习总结报告封面需盖有实习单位公章。若无,则班长退还相关学生,并要求其重做。

2.在学院规定的顶岗实习评定截止日前,专业教师需完成学生实习报告的批阅工作,并将成绩录入毕业综合实践管理平台实习管理模块。

注意

①教师需对学生顶岗实习进行成绩评定,并在实习报告中撰写评语。

②教师需在学生顶岗实习总结报告封面左上角填写评定成绩。

3.在学院规定的顶岗实习评定截止日前,教研室教学秘书需将专业学生的顶岗实习总结报告(纸质版)提交至国际商学院办公室。

[使用表格]

浙江金融职业学院顶岗实习总结模板。

第一页:

浙江金融职业学院
顶岗实习总结

姓　　名:

专　　业:

班　　级:

实习单位:

校内指导教师:

年　　月　　日

第二页：

顶岗实习总结

学号_____   姓名_____（备注：宋体、小四号字）

第二节

学生毕业设计指导管理

◈ **目的**

毕业设计是学校教育中不可或缺的部分,也是人才培养过程中重要的环节,既是对学生专业知识学习情况的综合检验,也是提高学生分析问题和解决问题能力的重要途径。做好毕业设计指导工作,对全面衡量与提高教学质量具有重要意义。

[**组织与管理**]

1.进一步加强学生毕业设计的领导和组织。

①各二级学院负责学生毕业设计工作的组织与管理,应成立毕业设计工作领导小组,由各二级学院院长兼任组长,各专业组成工作小组,由专业主任任组长,负责毕业设计工作的统筹、指导、协调等具体事宜并组织落实。

②各二级学院各专业要充分重视完成毕业设计工作,并根据《浙江金融职业学院毕业设计工作条例》规范、有序地开展工作,杜绝放任自流、抄袭杜撰现象。

③各二级学院要以专业为单位,根据《浙江金融职业学院毕业设计工作条例》的要求认真组织学生毕业设计的交流答辩工作,并做好全面记录。

④二级学院、专业和指导教师各层面都要做好资料的积累、整理和归档工作，保证工作资料的完整性。

2.进一步明确学生毕业设计的质量标准。

①各二级学院毕业设计工作要结合专业特点，吸收行业、企业最新的岗位职业能力要求，围绕专业核心能力、顶岗实习岗位工作、就业目标进行科学规划和组织实施，既要增强个性化设计，体现专业特色，又要做到过程规范有序，内涵丰富深刻。

②各专业在成绩评价中要将学生的技能水平、职业道德、职业素养等内容以及毕业设计过程中独立开展的流程创新、技术改造等成果作为重要考核指标。毕业设计考核成绩不合格的学生不予毕业。

3.进一步健全学生毕业设计的指导教师队伍。

①根据毕业设计指导要求，选派优秀教师为指导教师或聘请实习单位业务骨干、技术能手为兼职指导教师，建立一支相对稳定的专兼结合的毕业设计指导教师队伍。毕业设计答辩环节应由所在学院成立的专兼结合的答辩委员会负责。

②指导教师要及时与学生保持联系和沟通，加强过程指导与管理，实时掌握学生的写作情况，对学生的选题、资料收集、写作要求等方面要认真加以指导，切忌选题偏空偏大、观点不清晰、论述不充分、格式不规范等现象出现，并认真做好指导记录。

[具体要求]

1.毕业生完成毕业设计期间，指导教师要利用毕业综合实践管理平台对学生毕业设计进行过程化管理。

2.毕业设计的完成过程应充分体现行业专家对学生的指导。

3.毕业设计指导教师应充分利用平台的即时指导、数据统计、信息发布等功能，提高毕业设计管理工作的效率。

4.指导教师要及时给予学生相应的学习指导或回复，并要求学生根据当年毕业设计工作安排及时在平台上完成毕业设计开题报告、任务书和正文的上传工作。

［提交材料］

1.毕业设计选题汇总：

①电子版：由毕业设计指导教师提供、教研室汇总备档，并提交至国际商学院办公室。电子版文件命名规则为：××××届学生毕业设计选题汇总表—专业名称。如：2018届学生毕业设计选题汇总表—国贸。

②纸质版：纸质版一份、A4纸打印，由毕业设计指导教师提供、教研室汇总，并提交国际商学院办公室。

2.毕业设计：

电子版：由毕业设计指导教师提供、教研室汇总备档，并提交至国际商学院办公室。

注意

①完整的毕业设计电子版应包含：开题报告、任务书、毕业设计正文、参考文献，以及答辩记录等其他随附文件。

②毕业设计电子版的页码编写规则为：

——开题报告、任务书：无页码显示。

——页码排序从毕业设计正文开始，在页码底端居中显示。

③学生毕业设计电子版文件命名规则为：学生学号＋学生姓名，如"20190203 张三"。

④由教研室教学秘书负责将学生毕业设计电子版以班级为单位进行归类，并存放于一个文件夹目录下。文件夹命名规则为：班级名称，如国贸 162。

纸质版：纸质版一份、A4纸打印，由学生提供、毕业设计指导教师收集。待教研室汇总后，提交至国际商学院办公室。

注意

①论文设计纸质稿装订顺序：开题报告、任务书、论文正文、指导教师意见表、答辩委员会意见表、指导记录、答辩记录、毕业设计自评表。

②所有纸张都采用 A4 纸打印，黑白打印或彩印均可。

3.二级学院优秀毕业设计推荐:

①二级学院优秀毕业设计推荐汇总表。

电子版:由毕业设计指导教师填制、教研室汇总备档,并提交至国际商学院办公室。电子版文件命名规则为:××××届系优推荐汇总表—专业名称。如:2018届系优推荐汇总表—国贸。

②二级学院优秀毕业设计推荐表。

电子版:由毕业设计指导教师填制,并随附相关学生毕业论文(完整版)提交至教研室教学秘书处。电子版文件命名规则为:系优推荐表—学生姓名。如:系优推荐表—张三。

注意

二级学院优秀毕业设计推荐电子版文件夹目录下,应包括:

——二级学院优秀毕业设计推荐汇总表。

——二级学院优秀毕业设计推荐表:文件夹目录下应包含本专业毕业设计指导教师提供的全部二级学院优秀毕业设计推荐表。

——推荐学生的毕业设计(完整版):文件夹目录下应包含与系优推荐表配套的学生毕业设计(完整版)。电子版文件命名规则为:学生学号+学生姓名,如"20190203张三"。

4.院优推荐:

①院优秀毕业设计推荐汇总表。

电子版:由毕业设计指导教师填制、教研室汇总备档,并提交至国际商学院办公室。电子版文件命名规则为:××××届系优推荐汇总表—专业名称。如:2018届院优推荐汇总表—国贸。

②院优推荐表。

电子版:由毕业设计指导教师填制,并随附相关学生毕业论文(完整版)提交至教研室教学秘书处。电子版文件命名规则为:院优推荐表—学生姓名。如:院优推荐表—张三。

注意

院优推荐电子版文件夹目录下，应包括：

——院优秀毕业设计推荐汇总表。

——院优推荐表：文件夹目录下应包含本专业毕业设计指导教师提供的全部院优推荐表。

——推荐学生的毕业设计（完整版）：文件夹目录下应包含与系优推荐表配套的学生毕业设计（完整版）。电子版文件命名规则为"学生学号＋学生姓名"，如"20190203 张三"。

5.毕业设计成绩汇总：

①电子版：由教研室教学秘书负责从毕业综合实践管理平台成绩模块中提取。待备档后，提交至国际商学院办公室。电子版文件命名规则为：××××届学生毕业设计成绩汇总—专业名称。如：2018届学生毕业设计成绩汇总—国贸。

②纸质版：纸质版一份、A4纸打印，由教研室教学秘书负责从毕业综合实践管理平台成绩模块中提取。待备档后，提交至国际商学院办公室。

[**使用表格**]

1.毕业设计选题汇总表。

表 3-1　毕业设计选题汇总表

专业	班级	学号	学生姓名	毕业设计选题

······

2.二级学院优秀毕业设计推荐汇总表。

表 3-2　浙江金融职业学院

_____学院优秀毕业设计推荐汇总表

专业：　　　　　　学生人数：　　人

学号	姓名	班级	推荐毕业设计名称	指导教师

……

3.院优秀毕业设计推荐汇总表。

表 3-3　浙江金融职业学院优秀毕业设计推荐汇总表

专业：　　　　　　学生人数：　　人

学号	姓名	班级	推荐毕业设计名称	指导教师

……

4.二级学院优秀毕业设计推荐表。

表 3-4　浙江金融职业学院

_____学院优秀毕业设计推荐表

姓名		班级		学号	
专业名称		指导教师		指导教师职务	
毕业论文 （设计）题目					

指导教师评语 及推荐意见	 指导教师签字： 　　年　　月　　日
二级学院意见	 二级学院公章： 　　年　　月　　日

填表日期：　　年　　月　　日

5.学院优秀毕业设计推荐表。

表 3-5　浙江金融职业学院优秀毕业设计推荐表

姓名		班级		学号	
专业名称		指导教师		指导教师职务	
毕业论文 （设计)题目					
指导教师评语 及推荐意见					

指导教师签字：
　　年　　月　　日

续　表

系(部)意见	同意指导教师意见 系(部)公章： 年　月　日
教务处意见	 公章： 年　月　日

填表日期：　年　月　日

第三节

学生素质拓展档案管理

[范围]

以学生入校后的三学年为有效单位,对本专业大三学生在校期间所获各类能力证明和比赛成绩证明进行管理。

[权责]

1.专业学生:以班级为单位,在大三学年第一学期的第 1 至 4 周内完成各项素质拓展证明复印件的提交。

2.班长:

①以班级为单位,将各项素质拓展证明复印件进行归类、按学号进行排序后,提交教研室备档。

②以班级为单位,根据已提交的各项素质拓展证明,完成素质拓展类证书获取情况统计表,并将电子版提交教研室备档。

3.教研室教学秘书:对各班素质拓展类证书获取情况统计表和证明复印件进行汇总,留教研室备档。

[处理流程]

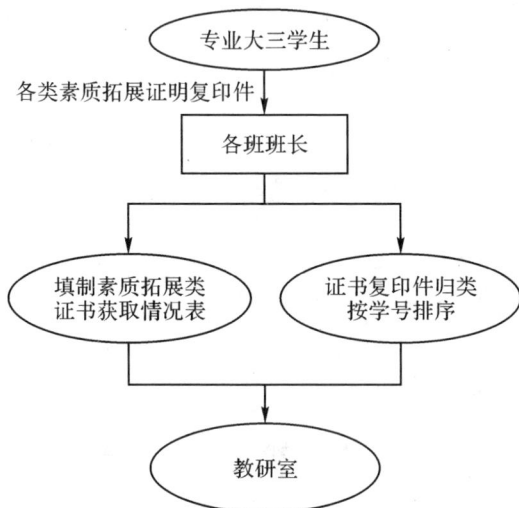

图 3-5

[填写规范]

1.为简化录入、提高工作效率,同时便于后期进行数据统计。可在"素质拓展类证书获取情况统计表"中预设常规共性证书栏目。若本专业学生已获得,则在相应单元格内写"1",反之则为"0"。

2.文体竞赛获奖证书。本栏获奖条件要求校级一等奖及准省级以上获奖证书。

3.备注栏:未被纳入常规证书栏,可选择性填入备选栏。本栏获奖条件要求校级一等奖及准省级以上获奖证书。

如:

表 3-6　2018届毕业生素质拓展类证书获取情况统计表

序号	班级	学号	姓名	四级	六级	……	文体竞赛获奖证书	备注
1	国贸 151	2015090101	张三	1	0		0	0

……

[提交材料]

1.各项素质拓展类获奖证明文件:由大三学生提供、以班级为单位提交复印件留教研室备档。

2.素质拓展类证书获取情况表:

①由大三学生提供、以班级为单位提交电子版汇总表。电子版文件命名规则为:班级名称。如:国贸161。

②年级汇总后的电子版总表留教研室备档。电子版文件命名规则为:××××届毕业生素质类证书获取情况统计表。如:2018届毕业生素质类证书获取情况统计表。

[使用表格]

毕业生素质拓展类证书获取情况统计表。

表 3-7　××××届毕业生素质拓展类证书获取情况统计

序号	班级	学号	姓名	四级	六级	……	文体竞赛获奖证书	备注

……

第 四 章

教学质量保障机制

教学常规保障机制

一、教师听课管理

⊕ 目的

　　教学能力是教师的根本能力之一,是支持专业发展的长久之本。通过教师间的相互听课学习和教学现场观摩,一方面可以帮助专业教师进一步提升专业教学能力、弥补自身在教学形式和方法上的不足。另一方面,也可以帮助教师不断地更新和完善自身的教学理念,实现课堂教学的创新,提高课堂教学质量。

[范围]

　　以单位自然学期为有效单位,对国际贸易实务专业相关专业教师听课学习和教学现场观摩情况进行管理。

[总则]

　　1.教师听课学习和教学现场观摩原则上不占用实际教学课时。

2.教师要重视每一次听课学习和教学现场观摩,鼓励跨专业听课。并根据每学期"生评教"成绩在各专业中择优提名听课督导。

[具体要求]

(一)期初听课计划

[权责]

1.任课教师:选择同专业其他任课教师和非本专业授课教师作为听课对象。并在新学期开始后的第一个教学周内,填写"国际商学院教师听课计划表",提交至教研室教学秘书处。

2.听课督导:以上一学期"生评教"成绩为依据,由各专业内排名第一和第二的任课教师组成听课督导团,任期为一学期。听课督导面向国际商学院开展听课学习活动。并在新学期开始后的第一个教学周内,填写"国际商学院二级学院督导听课计划表",提交至教研室教学秘书处。听课督导无须重复提交"国际商学院教师听课计划表"。

3.教研室教学秘书:在新学期开始后的第一个教学周内,完成教研室任课教师的听课计划汇总及听课督导的听课计划汇总。待教研室备档后,提交至国际商学院办公室。并领取纸质版听课记录本。

[处理流程]

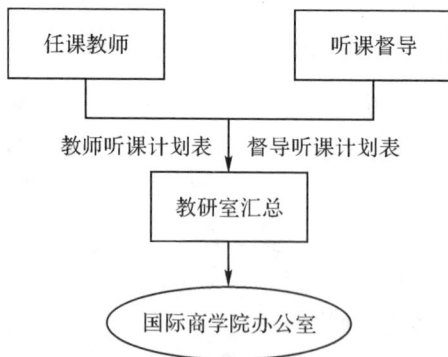

图 4-1

[提交材料]

1.教师听课计划表:

①电子版:由相关专业教师提供、教研室汇总备档,并提交至国际商学院办公室。电子版文件命名规则为:××××—××××(××)教师听课计划汇总表—专业名称。如:2018—2019(2)教师听课计划汇总表—国贸。

②纸质版:纸质版一份、A4纸打印,由专业教师提供、教研室汇总,并提交国际商学院办公室。

2.督导听课计划表:

①电子版:由相关专业教师提供、教研室汇总备档,并提交至国际商学院办公室。电子版文件命名规则为:××××—××××(××)督导听课计划汇总表—专业名称。如:2018—2019(2)督导听课计划汇总表—国贸。

②纸质版:纸质版一份、A4纸打印,由竞赛指导教师提供、教研室汇总,并提交国际商学院办公室。

[填写规范]

1.教师听课计划表。

如:

表 4-1 教师听课计划表

国际商学院教师听课计划表
2018—2019 学年第二学期

张三听课计划表

序号	听课教师	听课时间	授课教师	授课班级	课程名称
1	李四	6 月 1 日第 1—3 节	张三	国贸 15(5)	进口业务操作
		……			

注:本表中,听课教师与授课教师不能为同一人。

2.督导听课计划表。

如:

表 4-2　督导听课计划表

国际商学院二级学院督导听课计划表
2018—2019 学年第二学期

张三听课计划表

序号	听课教师	听课时间	授课教师	授课班级	课程名称
1	李四	6月1日第1—3节	张三	国贸15(5)	进口业务操作
......					

注:本表中,听课教师与授课教师不能为同一人。

［使用表格］

1.教师听课计划表。

表 4-3　教师听课计划表

学院教师听课计划表
　　至　　学年　第　　学期

听课计划表

序号	听课教师	听课时间	授课教师	授课班级	课程名称
......					

2.督导听课计划表。

表 4-4　督导听课计划表

学院督导听课计划表
　　至　　学年　第　　学期

听课计划表

序号	听课教师	听课时间	授课教师	授课班级	课程名称
......					

(二)期末听课记录汇总

[权责]

1.任课教师:根据期初教师听课计划表完成听课计划,在每次听课后填写听课记录本,并在学期最后一个教学周内填写"教师听课记录汇总表",提交至教研室教学秘书处。

2.听课督导:根据期初督导听课计划表完成听课计划,在每次听课后填写听课记录本,并在学期最后一个教学周内填写教师听课情况汇总表,提交至教研室教学秘书处。

3.教研室教学秘书:在学期最后一个教学周内,完成本教研室任课教师的听课记录汇总以及听课督导的听课记录汇总。待教研室备档后,随附纸质版教师听课记录本提交至国际商学院办公室。

[处理流程]

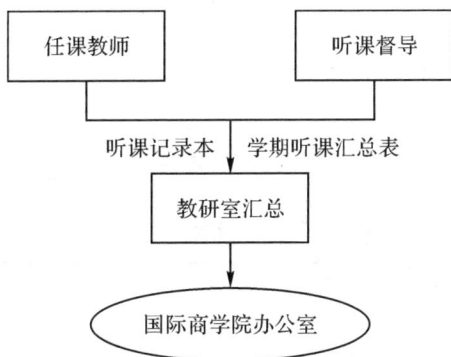

图 4-2

[提交材料]

1.教师听课记录本:由任课教师和听课督导提供,教研室汇总、提交至国际商学院办公室

2.教师听课情况汇总表:

①电子版:由任课教师和听课督导提供、教研室汇总备档,并提交至国际商学院办公室。电子版文件命名规则为:××××—××××(××)听课汇总

表—专业名称。如:2018—2019(2)听课汇总表—国贸。

②纸质版:纸质版一份、A4 纸打印,由教研室提交至国际商学院办公室。

3.听课清单:

电子版:由任课教师和听课督导提供、教研室汇总备档,并提交至国际商学院办公室。电子版文件命名规则为:××××—××××(××)听课清单—专业名称。如:2018—2019(1)听课清单—国贸。

[填写规范]

1.教师听课情况汇总表。

如:

表 4-5 **2018—2019 学年第二学期教师听课情况汇总表**

国际商学院(盖章)

序号	听课教师	应听课次数	实际听课次数
1	张三	5	5

......

2.听课清单。

如:

表 4-6 **国际商学院2018—2019 学年第二学期听课清单**

序号	授课教师	授课班级	课程名称	听课时间	听课教师
1	张三	国商 161	外贸单证操作	4 月 12 日 1—2 节	李四

......

[使用表格]

1.学期教师听课情况汇总表。

表 4-7 _____学年第____学期教师听课情况汇总表

_____二级学院(部)(盖章)

序号	听课教师	应听课次数	实际听课次数

......

2. 听课清单。

表 4-8 _____学院_____学年第_____学期听课清单

序号	授课教师	授课班级	课程名称	听课时间	听课教师

......

二、学期课堂教学效果教师互评活动管理

[范围]

以自然学期为有效单位,对国际贸易实务专业相关专业任课教师学期课堂教学效果互评活动进行管理。

[权责]

1. 教研室全体教师:在学期最后一个教学周内不记名填写"教研室教师互评表",并在互评活动截止日期前,提交至教研室教学秘书处。

2. 教研室教学秘书:

①在互评活动截止日期前,根据国际商学院要求,汇总"教研室教师互评表",并计算教研室全体教师平均得分。

②在互评活动截止日期前,填写国际商学院"教评教"统计表,并提交至国际商学院办公室。

[处理流程]

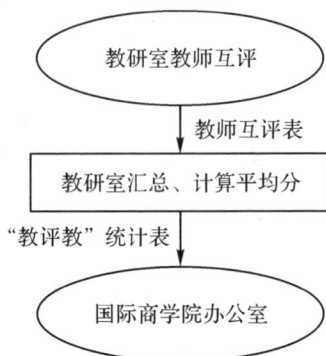

图 4-3

[提交材料]

"教评教"统计表:

1.电子版:由教师提供、教研室汇总备档,并提交至国际商学院。电子版文件命名规则为:××××—××××(××)"教评教"统计表—专业名称。如:2018—2019(1)"教评教"统计表—国贸。

2.纸质版:纸质版一份、A4 纸打印,由教研室提交至国际商学院办公室。

[评分细则]

1."教评教"评价得分采用百分制,总分满分 100 分,共计 4 项评价项目,每项满分 25 分。具体评级如下:

表 4-9　浙江金融职业学院课堂教学效果评价表(教评教)

序号	评价项目	评分等级				
		A 25—21 分	B 20—16 分	C 15—11 分	D 10—6 分	E 5—1 分
1	课程目标、课堂教学目标把握准确,突出能力目标本位					
2	教学内容难点突出,重点讲透;突出职业活动导向,师生互动充分					
3	能根据课程特点,有选择地采用项目教学、案例教学、情景教学等					

续　表

序号	评价项目	评分等级				
		A 25—21分	B 20—16分	C 15—11分	D 10—6分	E 5—1分
4	突出育人功能,注重职业道德培养;驾驭能力高,气氛活跃、纪律良好					

2.教师个人"教评教"最终得分＝个人"教评教"总得分÷参加互评人数＝全部评议人评分合计÷参加互评人数

3."教评教"评价以课程为评价数据基础。若教师在本学年内参与多门课程的教学,则应分别评估各门课程的课堂教学效果。然后,在各门课程教学评价得分基础上计算平均分。

［填写规范］

如:

表 4-10　国际商学院2018 学年　第二学期教评教成绩

序号	教师	课程名称	参评人员	教评成绩	平均分	备注
1	张三	外贸单证操作	李四	98	98.00	
			王五	98		

［使用表格］

表 4-11　_____学院____学年　第___学期教评教成绩

序号	教师	课程名称	参评人员	平均分	备注

　　　　……

三、学期教师自我课程诊断与改进管理

[范围]

以自然学期为有效单位,对国际贸易实务专业相关专业任课教师学期自我教学诊断与改进工作进行管理。

[权责]

1.课程组负责人:

①在学期第一个教学周内登录课程诊断与改进平台,为课程建设设定目标值,并提交教研室主任审核;

②在学期最后一个教学周内登录课程诊断与改进平台进行阶段性自诊,并上传相关支撑材料至系统。待教研室主任审核后,由课程组负责人在系统平台上生成课程自诊报告。

2.教研室主任:

①在学期第一个教学周内登录课程诊断与改进平台,对课程组负责人提交的课程建设目标进行审核;

②在学期最后一个教学周内登录课程诊断与改进平台,对课程组负责人提交的阶段性自诊材料进行审核。

[处理流程]

1.课程建设目标值设定。

课程组负责人:

①访问课程诊断与改进平台,进入诊改平台主页;

②点击页面左下角"我的待办",系统显示待办任务,点击任务后进入任务界面。

第一步:设定目标值,在"目标标准"页面,将每个指标对应的目标值进行重新设定,设定完成后点击提交审核。

第二步:提交审核后,再次进入该待办事宜,页面被锁定。等待教研室主任审核通过后,新的目标值生效。

教研室主任：

访问课程诊断与改进平台。进入诊改平台主页后,点击个人主页右下角"我的待办",点击进入需要审核的事务,点击"审核"。阶段性诊断任务进入下一阶段。

2.课程阶段性自诊

课程组负责人：

①课程组负责人进入个人待办后,系统会显示各个诊断点的计算值,其他需要填报的诊断点、诊断值和附件均可以编辑,任务负责人可编辑诊断值,并上传支撑材料至系统,填报完成后,点击"提交审核";

②待教研室主任审核后,课程组负责人再次进入"我的待办"事务,页面进入填写报告,在"未达标/未完成指标分析"栏,编辑相关诊断点原因分析和改进措施,并在"自我诊改概述"内填写相关文字描述,填报完成后,提交审核或保存,提交审核后,事务节点推至教研室主任;

③待教研室主任对课程组负责人提交的阶段性自诊材料进行审核后,课程组负责人点击生成质量报告,阶段性诊改过程结束,生成质量报告。课程组负责人在个人主页的"质量报告"页面,点击进入对应层面,即可查看自诊报告。

教研室主任：

①访问课程诊断与改进平台。进入诊改平台主页后,点击个人主页右下角"我的待办",进入需要审核的事务,再点击"审核",阶段性诊改任务就进入下一阶段;

②教研室主任对课程组负责人提交的"自我诊改概述"等内容进行审核后,诊改过程结束,生成质量报告。教研室主任在个人主页的"质量报告"页面,点击进入对应层面,即可查看阶段性自诊报告。

第二节

教师人才培养工作状态数据采集管理

⊕ 目的

推进职业院校人才培养工作状态数据采集与管理平台（以下简称"平台"）建设与应用，切实发挥人才培养工作状态数据采集与管理平台在日常教学管理、教学工作诊断与改进中的作用，加强数据深度应用，加快推动新时代职业教育信息化发展。

［范围］

以单位自然学年为有效单位，对国际贸易实务专业教师人才培养工作状态进行数据采集。

［权责］

1.专业教师：根据数据采集工作流程、采集工作要求和采集规则，及时将个人日常教学工作状态、社会实践信息、科研数据和奖励情况上传到人才培养工作状态数据采集与管理平台。

2.教研室：根据学院数据采集工作流程、采集工作要求和采集规则，统筹安排国际贸易实务专业教师参与数据采集规则。并对教师上传平台的数据进行审核,确保数据采集的完整性、合规性和时效性。

[处理流程]

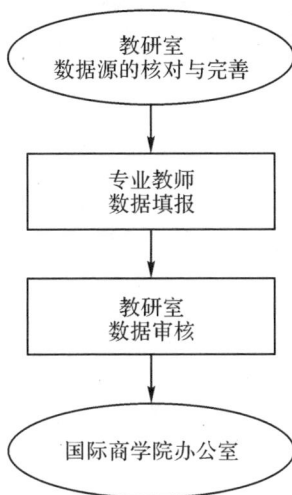

图 4-4

[总则]

人才培养工作状态数据采集与管理平台数据是学校全面、及时掌握人才培养工作状态,发布年度质量报告和开展诊改工作的重要依据和基础,是教育行政部门教育政策决策和对高职院校开展内涵建设项目评审立项和检查验收的重要依据,专业教师要高度重视,协同采集,确保数据采集的完整性、合规性和时效性,服务学校发展。

[具体要求]

1.登录人才培养工作状态数据采集与管理平台。

2.点击"状态数据",进入工作任务界面。

3.点击具体任务,进入编辑页面,点击左侧各项内容,逐项进入编辑页面进行编辑或添加。具体工作包括:

①核对本人基本情况;

②学年在研课题情况填写；

③学年培训进修和挂职锻炼情况填写；

④学年授课情况填写；

⑤学年认知实习、专业实习、顶岗实习指导情况填写；

⑥学年毕业设计指导情况填写。

第三节

教师持续专业发展管理

⊕ 目的

教师持续专业发展管理是以学生发展为宗旨,以教师专业能力为中心,并旨在打造不断进步与完善的生态循环圈。除工作所必需的基本专业研习之外,还要求对教师的专业知识和教学技能进行持续不断的提升,以满足日新月异的学情需求。教师通过参与有系统设计的、多元化的专业成长活动,不但可以增进其专业水平、强化其专业态度,也可以完善其教学行为,进而提升教学效能、扩大学生学习成效。

[范围]

以单位自然学期为有效单位,对国际贸易实务专业全体教师进行持续专业发展管理。

[总则]

1.教师持续专业发展管理以满足教师不断转变的专业发展需求、专业课程的教学改革创新以及学生素养的提升为宗旨。

2.教师持续专业发展管理以教师为主,涉及三个层面的工作方向:

①以学生发展为核心,提升教师职业素养。要重视教师个人专业能力的培养,提倡在实践中不断累积符合专业和学校期望的特质和能力,表扬与推动优良教学模式。

②以学生发展为核心,推进专业发展。要重视课程教学专业团队的发展,提倡多元化的学习机会和专业提升模式,以创设更多发挥机会,使教师专业知识和教学能力更臻卓越。

③以学生发展为核心,鼓励自我完善与反馈。倡导在教师个人层面及课程教学专业团队层面积极评估、自我完善及落实持续专业发展计划。

[处理流程]

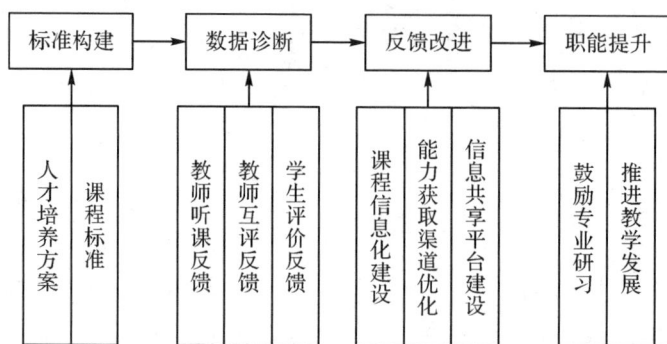

图 4-5

[具体要求]

(一)标准构建

◉ 目的

为专业课程教学团队订立专业标准。就专业人才培养目标、课程建设要求、课程教学标准、教师专业能力的发展等方面,提供清晰的参考,以期对学生的学习成效产生积极的影响。

[权责]

1.课程教学团队:以课程教学改革创新为基础,根据最新行业发展动态和课程能力要求,定期对课程建设要求及课程教学标准进行修订,逐步形成和完善课程信息化建设。

2.教研室:根据学情需求和专业课程建设发展现状,定期对专业人才培养方案进行修订,以期为专业课程建设及学生发展提供清晰的参考。

(二)数据诊断

⊚ 目的

依据教学常规保障机制进行系统调研并对相关数据进行采集,以期在系统及专业层面建立基于教师的教学诊断与反馈机制,协助教师在职业生涯不同阶段进行针对性的专业能力研习。

[权责]

1.教研室全体教师:以学期为单位,依据教学常规保障机制要求提供听课记录、教师互评信息和课程教案,并在教学诊断与改进平台上填报相关课程诊改信息。

2.教研室:以学期为单位,对相关数据进行定期更新,以掌握教师的最新发展情况。并以人才培养方案为根本,以教研室发展规划及教师师资培养方案为依据,对标课程标准,就教师的持续专业提升做出精准的诊断与评估。

(三)反馈改进

⊚ 目的

通过数据采集阶段的诊断,评估教师的专业发展需求,包括其期望的培训类型和模式。然后根据评估结果,在本阶段中予以反馈,进一步推动课程信息化建设。同时,通过多元化的形式激发教师持续专业发展的动能,如师资培训推荐、访学交流、企业挂职锻炼等。

[权责]

1.教研室全体教师:以课程教学改革创新为宗旨,以数据评估为依据,按个人进度安排专业知识拓展和教学技能提升计划。

2.教研室:

①建立灵活有效的资讯及资源分享渠道,推行互动交流与协作,优化专业学

习互助网络,以满足教师的专业发展需求。

②建立评估回馈机制,对教师的专业提升过程进行持续性的跟踪,借此进一步巩固和完善管理措施,使之更为贴合不断变化的教师发展需求。

(四)职能提升

◎ 目的

在实践过程中,推动教师专业素养和教学能力的提升。同时,不断优化教学质量诊断与改进措施,确保理论与实践并重。

[权责]

1.教研室全体教师:积极参与各项专业技能提升项目,并在实践教学中进行运用,确保理论与实践并重。

2.教研室:

①通过多样的活动形式,如专业扩展活动或比赛等,推动教师专业素养提升,并鼓励表现优异者。

②在实践中对师资培训及教学诊断过程进行优化,对改善方案进行可行性研究,确保理论与实践并重。

附 录

教育部办公厅关于建立职业院校教学工作诊断与改进制度的通知

教职成厅〔2015〕2 号

各省、自治区、直辖市教育厅(教委)，新疆生产建设兵团教育局：

为贯彻《国务院关于加快发展现代职业教育的决定》，建立常态化的职业院校自主保证人才培养质量的机制，根据《教育部 2015 年工作要点》，决定从今年秋季学期开始，逐步在全国职业院校推进建立教学工作诊断与改进制度，全面开展教学诊断与改进工作。

一、目的与意义

提高技术技能人才培养质量是发展现代职业教育的基本任务，是构建现代职业教育体系的关键所在，是主动适应经济发展新常态、服务中国制造 2025、创造更大人才红利的重要抓手。建立职业院校教学工作诊断与改进制度，引导和支持学校全面开展教学诊断与改进工作，切实发挥学校的教育质量保证主体作用，不断完善内部质量保证制度体系和运行机制，是持续提高技术技能人才培养质量的重要举措和制度安排,也是教育行政部门加强事中事后监管、履行管理职责的重要形式,对加快发展现代职业教育具有重要意义。

二、内涵与任务

职业院校教学工作诊断与改进,指学校根据自身办学理念、办学定位、人才培养目标,聚焦专业设置与条件、教师队伍与建设、课程体系与改革、课堂教学与实践、学校管理与制度、校企合作与创新、质量监控与成效等人才培养工作要素,查找不足与完善提高的工作过程。建立职业院校教学工作诊断和改进制度的主要任务是:

1.理顺工作机制。坚持"需求导向、自我保证,多元诊断、重在改进"的工作方针,形成基于职业院校人才培养工作状态数据、学校自主诊断与改进、教育行政部门根据需要抽样复核的工作机制,保证职业院校人才培养质量持续提高。

2.落实主体责任。各职业院校要切实履行人才培养工作质量保证主体的责任,建立常态化周期性的教学工作诊断与改进制度,开展多层面多维度的诊断与改进工作,构建校内全员全过程全方位的质量保证制度体系,并将自我诊断与改进工作情况纳入年度质量报告。

3.分类指导推进。各地须根据职业院校不同发展阶段的特点和需要,推动学校分别开展以"保证学校的基本办学方向、基本办学条件、基本管理规范""保证院校履行办学主体责任,建立和完善学校内部质量保证制度体系""集聚优势、凝练方向,提高发展能力"等为重点的诊断与改进工作,切实提高工作的针对性和实施效果。

4.数据系统支撑。职业院校要充分利用信息技术,建立校本人才培养工作状态数据管理系统,及时掌握和分析人才培养工作状况,依法依规发布社会关注的人才培养核心数据。加快推进相关信息化建设项目,为公共信息服务、培养工作动态分析、教育行政决策和社会舆论监督提供支撑。

5.试行专业诊改。支持对企业有较大影响力的部分行业牵头,以行业企业用人标准为依据,设计诊断项目,以院校自愿为原则,通过反馈诊断报告和改进建议等方式,反映专业机构和社会组织对职业院校专业教学质量的认可程度,倒逼专业改革与建设。

三、实施工作要求

1. 完善组织保证。教育部组建职业院校教学工作诊断与改进专家委员会，负责指导方案研制、政策咨询、业务指导，以及我部委托的相关工作。省级教育行政部门可遴选熟悉职业教育、具有管理经验、具有公信力的行业企业专家和中高职教育专家、教育教学研究专家等组成省级诊断与改进专家委员会，指导本省相关业务工作。

2. 加强省级统筹。省级教育行政部门负责制定工作规划，根据教育部总体指导方案制定本省（区、市）工作方案、细则和实施规划，以落实改进为重点，组织实施行政区域内职业院校的诊断与改进工作。中等职业学校的诊断与改进工作也可在省级方案基础上，由省级教育行政部门委托地（市）级教育行政部门组织实施。

3. 确保公开透明。各地要加强诊断与改进工作管理。有关组织机构、职业院校和专家要增强责任感、使命感，自觉遵守工作规则规程，规范工作行为；建立诊断与改进工作信息公告制度，政策、文件、方案、标准、程序以及结论等均在适当范围公开，接受教师、学生和社会各界的监督。

教育部关于职业院校教学工作诊断与改进指导方案和专家委员会组建工作另行通知。

教育部办公厅
2015 年 6 月 23 日

关于印发《高等职业院校内部质量保证体系诊断与改进指导方案（试行）》启动相关工作的通知

教职成司函〔2015〕168 号

各省、自治区、直辖市教育厅（教委），新疆生产建设兵团教育局：

为落实《教育部办公厅关于建立职业院校教学工作诊断与改进制度的通知》（教职成厅〔2015〕2 号），推动和指导各地和职业院校分类开展职业院校教学诊断与改进（简称诊改）工作，我司组织研制了《高等职业院校内部质量保证体系诊断与改进指导方案（试行）》（见附件，简称指导方案），现印发给你们，请参照执行。相关工作通知如下：

一、落实方案

1.省级教育行政部门应依据指导方案制定本省（区、市）高等职业院校内部质量保证体系诊断与改进工作实施方案。

2.指导方案适用于办学基础相对稳定、办学时间相对较长的高等职业院校,学校依据省级实施方案自主开展诊改工作,接受省级教育行政部门组织的抽样复核。

3.省级教育行政部门要高度重视职业院校教学工作诊断与改进制度建设,为省级执行方案研制和抽样复核工作安排专项经费,确保实施效果。

二、完善组织

1.我司组建全国职业院校教学工作诊断与改进专家委员会(简称全国诊改专委会),指导相关业务、开展相关服务、承接我司交办的有关工作。省级教育行政部门应遴选熟悉职业教育、具有管理经验和公信力的行业企业专家、职业教育专家、教育研究专家等组成省级诊改专委会。省级诊改专委会的主任(或秘书长,限一人)可报名成为全国诊改专委会成员。

2.省级诊改专委会业务上接受全国诊改专委会的指导,受省级教育行政部门委托,可承担制订(或指导研制)省级执行方案、开展专家培训、建立和维护专家库、组织专家复核、审定复核结论、落实整改回访等具体工作。

三、开展试点

在各地诊改工作的基础上,我司委托全国诊改专委会开展以完善指导方案为目的的诊改工作试点。试点工作为期三年。试点省份及其试点院校由全国诊改专委会与相关省份协商确定,相关诊改工作纳入相应省份工作计划。

四、时间要求

1.2016 年 1 月 31 日前,请各省级教育行政部门将省级诊改专委会名单及推荐参加全国诊改专委会的人选函报我司;请有意参加试点的省(区、市)将申请函报我司(附 3 所试点院校名单)。

2.2016 年 2 月 28 日前,请各省级教育行政部门将本省(区、市)高等职业院校内部质量保证体系诊断与改进工作实施方案（包括执行方案和工作规划）函报我司。

3.2016 年起,每年 12 月 31 日前,请各省级教育行政部门将本省(区、市)职业院校教学诊改工作年度实施情况以及下一年度安排等函报我司。

附件:《高等职业院校内部质量保证体系诊断与改进指导方案(试行)》

教育部职业教育与成人教育司
2015 年 12 月 30 日

附件

高等职业院校内部质量保证体系诊断
与改进指导方案(试行)

为推动高等职业院校(简称高职院校)建立常态化自主保证人才培养质量的机制,引导和促进高职院校不断完善内部质量保证体系建设、提升内部质量保证工作成效,持续提高人才培养质量,制定本指导方案。

一、指导思想

以《国务院关于加快发展现代职业教育的决定》精神为指导,以完善质量标准和制度、提高利益相关方对人才培养工作的满意度为目标,按照"需求导向、自我保证,多元诊断、重在改进"的工作方针,引导高职院校切实履行人才培养工作质量保证主体的责任,建立常态化的内部质量保证体系和可持续的诊断与改进工作机制,不断提高人才培养质量。

二、目标任务

建立基于高职院校人才培养工作状态数据、学校自主诊改、省级教育行政部门根据需要抽样复核的工作机制,促进高职院校在建立教学工作诊断与改进制

度基础上,构建网络化、全覆盖、具有较强预警功能和激励作用的内部质量保证
体系,实现教学管理水平和人才培养质量的持续提升。具体任务是:

(一)完善高职院校内部质量保证体系。以诊断与改进为手段,促使高职院
校在学校、专业、课程、教师、学生不同层面建立起完整且相对独立的自我质量保
证机制,强化学校各层级管理系统间的质量依存关系,形成全要素网络化的内部
质量保证体系。

(二)提升教育教学管理信息化水平。强化人才培养工作状态数据在诊改工
作的基础作用,促进高职院校进一步加强人才培养工作状态数据管理系统的建
设与应用,完善预警功能,提升学校教学运行管理信息化水平,为教育行政部门
决策提供参考。

(三)树立现代质量文化。通过开展高等职业院校内部质量保证体系诊改,
引导高职院校提升质量意识,建立完善质量标准体系、不断提升标准内涵,促进
全员全过程全方位育人。

三、基本原则

(一)数据分析与实际调研相结合。诊改工作主要基于对学校人才培养工作
状态数据的分析,辅以灵活有效的实际调查研究。

(二)坚持标准与注重特色相结合。省级教育行政部门可在本方案基础上,
依据实际情况调整补充形成省级执行方案。学校可在省级方案基础上,补充有
利于个性化发展的诊改内容。

(三)自主诊改与抽样复核相结合。以高职院校自主诊改为基础,教育行政
部门根据需要对学校进行抽样复核。

四、诊改与复核

(一)诊改对象与复核抽样。

1.独立设置的高职院校应每3年至少完成一次质量保证体系诊改工作。新
建高职院校可按照省级教育行政部门规定执行。

2.省级教育行政部门在学校自主诊改基础上,每 3 年抽样复核的学校数不应少于总数的 1/4。

(二)基本程序。

1.自主诊改。高职院校应根据省级诊改工作实施方案,依据高等职业院校人才培养工作状态数据采集与管理平台数据,对内部质量保证体系运行情况及效果定期进行自主诊改,并将自主诊改情况写入本校质量年度报告。学校自主诊改可以安排校内人员实施,也可自主聘请校外专家参加。

2.抽样复核。复核工作的主要目的在于检验学校自主诊改工作的有效程度。省级教育行政部门负责组织抽样复核。被列入复核的学校应提交以下材料:

(1)学校的《内部质量保证体系自我诊改报告》(格式参见附件 2)。

(2)近 2 年学校的《人才培养质量年度报告》。

(3)近 2 年学校的《人才培养工作状态数据分析报告》。

(4)近 2 年学校、校内职能部门、院(系)的年度自我诊改报告。

(5)学校事业发展规划、内部质量保证体系建设规划及其他子规划。

(6)学校所在地区的区域经济社会事业发展规划。

具体报送要求由省级教育行政部门确定,报送材料应于复核工作开始前 30 日在校园网上公示。

(三)结论与使用。

复核结论反映院校自主诊断结果、改进措施与专家复核结果的符合程度。高等职业院校内部质量保证体系诊断项目参考表中,诊断要素共 15 项。复核结论分为"有效""异常""待改进"三种,标准如下:

有效——15 项诊断要素中,自主诊断结果与复核结果相符≥12 项;改进措施针对性强、切实可行、成效明显。

异常——15 项诊断要素中,自主诊断结果与复核结果相符<10 项;改进措施针对性不强、力度不够。

待改进——上述标准以外的其他情况。

如执行方案对诊断要素有调整,可根据实际诊断要素数量,按上述比例原则,确定相应标准。

"待改进"和"异常"的学校改进期为 1 年,改进期满后须重新提出复核申请,再次复核结论为"有效"的,同一周期内可不再接受复核。

复核结论为"异常"和连续 2 次"待改进"的学校,省级教育行政部门须对其采取削减招生计划、暂停备案新专业、限制项目审报等限制措施。

五、工作组织

(一)教育部组建"职业院校教学工作诊断与改进专家委员会"(简称全国诊改专委会)负责诊改工作的业务指导。设立诊改工作网站,集中发布诊改工作的相关政策和信息。

(二)省级教育行政部门应按照教育部总体要求,统筹规划本省(区、市)质量保证体系诊改工作,结合实际制订相应的执行方案和工作规划。

(三)省级教育行政部门可遴选熟悉高职教育、具有管理经验的高职院校专家、教育研究专家、行业企业专家等组成任期制的省级诊改专委会,负责本省诊改工作业务指导。省级教育行政部门可委托诊改专家委员会,探索建立诊改专家认证制度,建立动态的诊改专家库并规范专家管理。

(四)省级教育行政部门应于年底前向社会公布本地区下一年度接受复核的院校名单。

(五)学校须根据复核工作报告制定整改方案,在规定的期限内完成整改任务。

六、纪律与监督

各地要加强诊改工作的管理,严肃工作纪律,建立诊改工作信息公告制度。

(一)各地要按照报备的实施方案开展高职院校内部质量保证体系诊改工作。如有调整,须及时报备。

(二)复核工作不得影响学校正常教学秩序,并认真贯彻落实中央八项规定精神、教育部二十条要求及有关规定。

(三)复核专家必须洁身自律,被确定为专家组成员后,不得接受邀请参加复核学校的诊改辅导、讲座等活动。如有违反,应予更换并及时公布。

(四)省级教育行政部门须指定网站,将诊改相关政策文件、复核专家组名单、接受复核院校应公示的材料,以及复核结论、回访结果等集中公布,接受社会监督。

(五)各地要严格复核专家管理,对违反纪律或社会反响差的专家,应从专家库中除名并在一定范围内公布。

附:1.高等职业院校内部质量保证体系诊断项目参考表。

2.学校内部质量保证体系自我诊改报告(参考格式)。

附 1

高职院校内部质量保证体系诊断项目参考表

诊断项目	诊断要素	诊断点	影响因素参考提示	数据管理平台相应编号
1 体系总体构架	1.1 质量保证理念	质量目标与定位	学校发展目标定位是否科学明确;人才培养目标、规格是否符合区域经济和社会发展要求,是否符合学生全面发展要求;质量保证目标与学校发展目标、人才培养目标一致性、达成度。	1.3/7
		质量保证规划	质量保证体系建设规划是否科学明晰、符合实际且具有可操作性;实际执行效果是否明显。	1.3/7
		质量文化建设	师生质量意识,对学校质量理念的认同度;质量保证全员参与程度;质量文化氛围;持续改进质量的制度设计是否科学有效,是否实现持续改进。	2.2/8
	1.2 组织构架	质量保证机构与分工	学校、院系各层面质量保证机构、岗位设置是否科学合理,分工与职责权限是否明确。	8
		质量保证队伍	质量保证队伍建设是否符合质量保证体系建设规划要求;人员配备是否符合岗位职责要求;对质量保证机构、人员是否有考核标准与考核制度;考核机制是否严格规范;能否实现持续改进。	8.2/8.6

诊断项目	诊断要素	诊断点	影响因素参考提示	数据管理平台相应编号
	1.3 制度构架	质量保证制度	学校、院系、专业、课程、教师、学生层面的质量保证制度是否具有系统性、完整性与可操作性。	
		执行与改进	质量保证制度落实情况与改进措施是否具体务实；质量保证制度是否不断改进和完善；是否定期发布质量年度报告，质量年度报告结构是否规范、数据是否准确；院（系）、专业自我诊改是否已成常态。	8.7
	1.4 信息系统	信息采集与管理	是否重视高职院校人才培养工作状态数据采集与管理平台建设；人财物是否有保障，管理是否到位，运行是否良好；是否建立信息采集与平台管理工作制度，数据采集是否实时、准确、完整。	3.4/8.1
		信息应用	是否运用平台进行日常管理和教学质量过程监控，各级用户是否定期开展数据分析，形成常态化的信息反馈诊断分析与改进机制。	3.4
2 专业质量保证	2.1 专业建设规划	规划制定与实施	专业建设规划是否符合学校发展实际，是否可行；规划实施情况如何，专业结构是否不断优化。	1.3/7.1—7.6/9.2
		目标与标准	有无明确的专业建设目标和标准；专业人才培养方案是否规范、科学、先进并不断优化。	7.1/7.3/7.4
		条件保障	新增专业设置程序是否规范；专业建设条件（经费、师资、实验实训条件）是否有明确的保障措施。	3.4/4/5.1/5.2/6/7.4/7.5
	2.2 专业诊改	诊改制度与运行	学校内部是否建立常态化的专业诊改机制；是否能够促成校内专业设置随产业发展动态调整。	3.4/8.1/8.7/9.1/9.2
		诊改效果	诊改成效如何，人才培养质量是否不断提高；校企融合程度、专业服务社会能力是否不断提升；品牌（特色/重点）专业（群）建设成效、辐射影响力是否不断增强。	4/5/6/7/9

诊断项目	诊断要素	诊断点	影响因素参考提示	数据管理平台相应编号
		外部诊断（评估）结论应用	是否积极参加外部专业诊断（或评估、认证）；外部诊断（评估）结论是否得到有效应用,对学校自诊自改是否起到良好促进作用。	4/5/6/7/9
	2.3 课程质量保证	课程建设规划	课程建设规划是否科学合理；是否具有可行性与可操作性。	7.2/7.5
		目标与标准	课程建设规划目标达成度；课程标准是否具备科学性、先进性、规范性与完备性。	7.2/7.3
		诊改制度实施与效果	校内是否开展对课程建设水平和教学质量的诊改,形成常态化的课程质量保证机制；是否对提高课程建设水平和教学质量产生明显的推进作用。	3.4/7.2/ 8.1/8.2 8.5/8.6/ 8.7
3 师资质量保证	3.1 师资队伍建设规划	规划制定	学校、院系、专业等层面师资队伍建设规划的科学性、一致性和可行性；规划目标达成度。	6.1/6.2/ 6.3/6.4
		实施保障	是否能为师资建设规划目标的实现提供必需的外部环境、组织管理、资源支撑、经费等保障。	5.2/7.1/ 7.2/8.1/
	3.2 师资建设诊改工作	诊改制度	是否制定专兼职教师、专业带头人与骨干教师聘用资格标准；是否开展对师资队伍建设成效的诊改,形成常态化的师资质量保证机制。	6.1/6.2/ 6.3/6.4/ 7.2
		实施效果	教师质量意识是否得到提升；教学改革主动性是否得到提高；师资队伍数量、结构、水平、稳定性、社会服务能力等是否得到持续改善；学生满意度是否得到持续提升。	6.1/6.2/ 6.3/6.4/ 8.7

诊断项目	诊断要素	诊断点	影响因素参考提示	数据管理平台相应编号
4 学生全面发展保证	4.1 育人体系	育人规划	是否制定学生综合素质标准;学生素质教育方案制定是否科学,培养目标定位是否准确;是否因材施教,注重分类培养与分层教学;是否实施全员全过程全方位育人,加强创意、创新、创业教育。	5.2/8.3/8.4
		诊改制度	是否实施对育人部门工作及效果的诊改。	8.1
		实施与效果	育人工作是否已形成常态化诊改机制;育人目标达成度;学生自主学习能力、主动学习积极性、职业能力和创新创业能力是否得到提高。	2.2/3/7.2/9.2
	4.2 成长环境	安全与生活保障	是否实施对服务部门服务质量的诊改,并形成常态化安全与生活质量保证机制;学校安全设施是否不断完善;学生生活环境是否不断优化;学生诉求回应速度、学生满意度是否持续提高;意外事故率是否不断降低。	
		特殊学生群体服务与资助	建立家庭困难学生、残障学生、少数民族学生等特殊学生生活保障管理运行机制情况;建立学生心理健康教育活动体系与运行管理机制情况;能否为特殊学生群体提供必要的设施、人员、资金、文化等保障。	5.2/8.8
5 体系运行效果	5.1 外部环境改进	政策环境	能否促进社会资源引入、共享渠道的拓展;政策环境是否有利于学校的质量保证体系和人才培养质量持续改进与完善。	
		资源环境	是否能够促进校内办学资源的不断优化;学校资源环境能否促进质量保证体系和人才培养质量持续改进与完善,改善学校的办学条件。	
		合作发展环境	学校自主诊改机制是否有利于政校合作、校企合作、校校合作的不断优化;合作发展的成效与作用是否不断呈现。	7.5/9.3

续　表

诊断项目	诊断要素	诊断点	影响因素参考提示	数据管理平台相应编号
	5.2 质量事故管控	管控制度	是否建立质量事故管控反馈机制,制定质量事故分类、分等的认定管理办法,对质量事故处理及时有效;是否建立学校、院系两级质量事故投诉受理机构,制定质量事故投诉、受理、反馈制度;是否定期开展质量事故自查自纠,形成质量事故管控常态化管理反馈机制。	8.1
		发生率及影响	学校质量事故的发生率、影响程度;处理安全事故、群体性事件的速度与能力;学校质量事故与投诉发生率是否逐年减少。	
		预警机制	是否建立过程信息监测分析机制与质量事故预警制度; 是否有突发性安全事故、群体性事件应对工作预案; 是否有近三年质量事故分析报告及其反馈处理效果报告;	8.1
	5.3 质量保证效果	规划体系建设及效果	各项规划是否完备、体系是否科学,实施是否顺利,目标达成度如何。	
		标准体系建设及效果	专业、课程、师资、学生发展质量标准是否完备、先进、成体系;能否在诊改过程中不断调整优化;社会认可度如何。	
		诊改机制建设及效果	内部质量保证体系是否日趋完备;持续改进的机制是否呈常态化并步入良性循环,人才培养质量是得到持续提升。	
	5.4 体系特色	学校质量保证体系特色	学校自身质量保证体系能否形成特色,应用效果好,并能发挥辐射与影响作用。	

注:1. 本表设 5 个诊断项目,15 个诊断要素,37 个诊断点。
2. "数据管理平台相应编号"所列的各指标编号,起引导作用,不是规定或标准。

附 **2**

内部质量保证体系自我诊改报告(参考格式)

学校名称:_____

一、自我诊改工作概述(500字以内)

二、自我诊断与改进报告表

诊断项目	诊断要素	自我诊断意见	改进措施	改进成效
1 体系总体构架	1.1 质量保证理念			
	1.2 组织构架			
	1.3 制度构架			
	1.4 信息系统			
2 专业质量保证	2.1 专业建设规划			
	2.2 专业诊改			
	2.3 课程质量保证			
3 师资质量保证	3.1 师资队伍建设规划			
	3.2 师资建设诊改工作			
4 学生全面发展保证	4.1 育人体系			
	4.2 成长环境			
5 体系运行效果	5.1 外部环境改进			
	5.2 质量事故管控			
	5.3 质量保证效果			
	5.4 体系特色			

校长(签字):_____   ___年___月___日

注:1.报告内容必须真实、准确。

2.每一诊断要素的"自我诊断意见"需阐明目标达成程度,主要成绩,存在问题,原因分析。总体不超过500字。存在问题与原因分析应占一半左右篇幅。

3.每一诊断要素的"改进措施"需突出针对性、注重可行性。总体不超过200字。

4.每一诊断要素的"改进效果"指实施改进措施之后已经显现的实际效果,不是预测或估计成效。如果措施尚未实施,请加说明。总体不超过200字。

5.自我诊改务必写实,无需等级性结论。

附录三

关于全面推进职业院校教学工作诊断与改进制度建设的通知

教职成司函〔2017〕56 号

各省、自治区、直辖市教育厅(教委),各计划单列市教育局,新疆生产建设兵团教育局:

为贯彻《国务院关于加快发展现代职业教育的决定》,落实《教育部办公厅关于建立职业院校教学工作诊断与改进制度的通知》(简称《通知》),根据《教育部2017 年工作要点》关于"全面推进职业院校教学工作诊断与改进制度建设"的要求,现将职业院校教学工作诊断与改进(简称诊改)工作下一步安排通知如下:

一、工作要点

1.加强领导。省级教育行政部门要切实履行对诊改工作的领导职责。要加强对省级诊改专家委员会建设的指导,规范工作制度、健全运行机制、优化成员组成、明确任务分工、有序开展工作;要为省级执行方案研制、院校抽样复核和开展实践研究等安排专门工作经费;要支持省级诊改专家委员会参加全国诊改专家委员会组织的培训和专题调研、承接全国诊改专家委员会安排的工作。

2.细化方案。各地要进一步完善省级职业院校教学诊改工作规划（2017—2020年）和实施方案，明确目标、任务、进度（包括时间节点）和措施，提高工作的计划性和可操作性。要推动中职学校守住底线，在保证学校"基本办学方向、基本办学条件、基本管理规范"的基础上，以教学工作为重点建立健全诊改制度；要对新建高职院校、优质高职院校和其他高职院校诊改工作进行分类指导，促进高职院校特色发展。

3.试点引领。各职业院校均须按照《通知》要求启动本校诊改工作。《关于确定职业院校教学诊断与改进工作试点省份及试点院校的通知》确定的试点省份要加强对试点院校工作的督促指导，及时发现和解决试点院校对诊改工作的认识、态度方面的问题，力争使试点院校的诊改制度建设实际有效、专家复核结论符合要求；非国家试点省份应参照国家试点做法开展省级试点，其中中职试点应覆盖本省所有地（市、州）。

4.全面培训。各地应支持鼓励职业院校参加全国诊改专家委员会组织的全国培训；全面部署开展覆盖省域内所有职业院校校长和地、市、州、县级教育行政部门分管负责同志的省级培训；充分发挥省级诊改专家委员会作用，指导地、市、州、县级教育行政部门和职业院校的培训工作。试点学校要对本校教职员工开展校级培训。

5.注重宣传。各地要健全和落实省级诊改工作公告制度，通过指定专门网站公开本省（区、市）政策、文件、方案、标准、程序，以及相关工作的进展情况和复核结论等战线和社会关心的信息。各职业院校须在学校官网设立专栏，发布校本诊改实施方案，及时反映诊改工作的进展与成果。各地、和职业院校应充分利用公开媒体宣传报道有关工作及成效，并积极向全国诊改专家委员会推送相关宣传材料。

二、工作要求

1.健全国家、省两级诊改专家委员会工作联系机制。我司委托全国诊改专家委员会面向各地、省级诊改专家委员会开展指导和服务。省级专家委员会须及时向全国专家委员会报送年度计划和培训安排。

2.建立工作年报制度。各地要结合实际制定工作规划（2017—2020 年）、完善实施方案，并以此为基础细化年度工作安排。2017 年 12 月 31 日前，各地须将工作规划（2017—2020 年）、完善后的实施方案、2017 年工作总结（内容应包括上述工作规划的年度落实情况）以及 2018 年工作安排函报我司，电子版发送至指定邮箱。2018 年起，每年 12 月 31 前，各地须将年度工作总结（已经开展复核工作的，复核结论一并报送）及次年工作安排函报我司。我司将适时通报各地的执行情况。

三、联系方式

1.职业教育与成人教育司。
2.全国诊改专家委员会。

教育部职业教育与成人教育司

2017 年 6 月 13 日